MONSTRES DES LACS

QUÉBEC INSOLITE

DANIELLE GOYETTE

—◆—

MONSTRES DES LACS

ÉDITIONS
MICHEL
QUINTIN

Catalogage avant publication de Bibliothèque et Archives nationales du Québec et Bibliothèque et Archives Canada

Goyette, Danielle, 1957-

Monstres des lacs
(Québec insolite)

Comprend des réf. bibliogr.

ISBN 978-2-89435-425-4

1. Animaux fabuleux - Québec (Province). 2. Monstres - Québec (Province). I. Titre.

QL89.G69 2009   001.944   C2009-941472-4

Édition : Johanne Ménard
Révision linguistique : Paul Lafrance
Conception graphique : Céline Forget
Mise en page : Sandy Lampron
Illustrations – têtes de chapitres : Marthe Boisjoly

SODEC Québec   ▮✦▮ Patrimoine   Canadian
                    canadien   Heritage

Gouvernement du Québec – Programme de crédit d'impôt pour l'édition de livres – Gestion SODEC

Les Éditions Michel Quintin bénéficient du soutien financier de la SODEC et du gouvernement du Canada par l'entremise du Programme d'aide au développement de l'industrie de l'édition (PADIÉ) pour leurs activités d'édition.

ISBN 978-2-89435-425-4

Dépôt légal – Bibliothèque nationale du Québec, 2009
                Bibliothèque nationale du Canada, 2009

© Copyright 2009
Éditions Michel Quintin

C.P. 340
Waterloo (Québec)
Canada J0E 2N0
Tél. : 450 539-3774
Téléc. : 450 539-4905
www.editionsmichelquintin.ca

09-GA-1

Imprimé au Canada

À Johanne et Michel,
Merci pour cette folle aventure !

« *Il est bien peu de monstres*
qui méritent la peur que nous en avons. »
André Gide

« *L'histoire est du vrai qui se déforme,*
la légende du faux qui s'incarne. »
Jean Cocteau

« *C'était fou le pouvoir d'une légende,*
quand on se donnait la peine d'y croire. »
Didier van Cauwelaert

TABLE DES MATIÈRES

INTRODUCTION

———◆———

Il faisait nuit.
Le lac formait une énorme masse sombre sous ses yeux.
Il tremblait de tous ses membres.
Même si elles lui prodiguaient un peu de clarté,
les étoiles et la lune ne lui étaient d'aucun réconfort.
Le jeune autochtone se retourna,
les yeux mouillés de larmes.
Il vit son père l'encourager légèrement de la tête.
Il devait plonger du canot d'écorce dans le lac noir.
Il le fallait pour devenir un homme.
Ses deux oncles étaient aussi à bord de l'embarcation,
témoins de l'accomplissement du rite de passage.
L'adolescent ferma les yeux et plongea.
Son cœur s'arrêta. À cause du froid?
Non, de peur d'être happé par le
Grand Serpent des Eaux!

———◆———

En se plongeant dans les multiples documents d'archives, on constate vite que les histoires de monstres lacustres dérivent de la nuit des temps. De très anciennes légendes celtiques parlent de dragons des mers et de monstres des eaux. Au XIIe siècle, on citait déjà la présence de serpents gigantesques dans les mers scandinaves où naviguaient les Vikings, de solides guerriers qui, pourtant, craignaient ces bêtes étranges. En Nouvelle-France, au début de la colonisation, les autochtones ont avisé les premiers arrivants européens que les lacs étaient peuplés de bêtes gigantesques et monstrueuses dont ils devaient se méfier. Ces peuples ne se baignaient pas, de peur d'en devenir les proies. Leur rituel du passage de l'enfance à l'âge adulte représentait donc une épreuve extrêmement difficile à surmonter pour les jeunes à l'imagination remplie d'êtres légendaires.

Que sont ces montres marins ? Légende ou réalité ?

Ces mystérieuses créatures qui se cacheraient dans nos lacs seraient-elles invincibles, impossibles à capturer, voire immortelles ? Le même monstre pourrait-il vivre des années, sinon des siècles, à hanter le quotidien de génération en génération de témoins ?

Ceux qui prétendent en avoir vu un sont maintenant convaincus de l'existence de l'impossible. Certains qui disent ne pas croire à ces créatures espèrent bien malgré tout, au fond d'eux-mêmes, avoir un jour une preuve tangible qui les fera changer d'idée. Et de nombreux autres, sceptiques ou spécialistes, jettent une lumière nouvelle sur ces phénomènes.

Mais le plus surprenant, c'est à quel point presque tout le monde a en tête une histoire de monstre à raconter. Des histoires fascinantes qui donnent parfois des frissons dans le dos.

Après tout, si c'était vrai ?

Nous avons rencontré quelques témoins oculaires qui nous ont offert avec verve et multiples détails leurs histoires extraordinaires. À mesure qu'on les écoutait, notre regard se tournait de plus en plus machinalement vers l'onde du lac en question, dans l'espoir secret de voir nous aussi enfin apparaître cet être de l'abysse.

À vous maintenant !

Vous verrez ! Après vous être plongé dans ce livre, vous ne regarderez plus jamais un lac de la même façon.

MEMPHRÉ,
LE « DOYEN » DES
MONSTRES QUÉBÉCOIS

———≫———

Taille estimée : entre 3 et 7 m
Lac : Memphrémagog
Dimensions : 44,5 km sur 1,5 km
Profondeur maximale : 107 m
Région : centre-sud des Cantons-de-l'Est
Principales municipalités avoisinantes :
Magog, Saint-Benoît-du-Lac

———≫———

« J'ai ouï dire que les Indiens ne se baignaient pas dans le lac à cause de la présence de serpents immenses et d'alligators géants. »
Ralph Merry IV, journal personnel, 1816

Les témoignages au sujet de la présence d'un monstre dans le lac Memphrémagog remontent à près de 200 ans. Déjà, en 1816, huit personnes racontaient à Ralph Merry IV, fils du fondateur de la ville de Magog, avoir vu un gigantesque serpent de mer nager dans le lac. Depuis ce temps, plus de 400 témoins oculaires ont décrit le monstre du lac Memphrémagog de façon similaire. Comment Memphré se serait-il reproduit pendant toutes ces années ou aurait-il pu survivre aussi longtemps ? La réponse est encore bien

nébuleuse. Cependant, un fait est incontestable : Memphré ne cesse de faire parler de lui encore et encore.

Explorons l'histoire de ce monstre lacustre, sans contredit le plus fréquemment observé parmi toutes les bêtes étranges qui habitent nos eaux québécoises.

Le Grand Anaconda

L'histoire de Memphré a imprégné de son aura mystérieuse jusqu'aux souvenirs des communautés amérindiennes d'autrefois. Selon la légende, le Grand Anaconda avait, voilà fort longtemps, trouvé refuge dans une grotte très profonde au pied du mont aujourd'hui appelé Owl's Head, près de l'île Skinner, à l'entrée de la baie Fitch. Les Amérindiens craignaient grandement cette bête lacustre inconnue qu'ils respectaient tout autant.

Même les Frères des Écoles chrétiennes divulguent dans leurs écrits didactiques de ce temps-là des faits plutôt troublants au sujet de cette présence inusitée dans le lac Memphrémagog. En 1871, ils publiaient un *Traité de géographie* à l'usage de leurs élèves dans lequel on pouvait lire ces quelques lignes plutôt étonnantes sur les animaux nuisibles dans le Bas-Canada : «Il n'y a pas de serpents-à-sonnettes ; on a vu des aspics, mais ils sont extrêmement rares. Il ne faut pas oublier le gros serpent qu'on nomme anaconda et qui se montre gratis au lac Memphrémagog. »

Il était autrefois...

Il est évident qu'au fil du temps Memphré a laissé des traces nombreuses de sa présence. Et il a toujours suscité autant de questions sur ses origines et d'étonnement sur son existence. De son vivant, David Beebe, fondateur du village du même nom, n'a jamais oublié ce qu'il a vu le 3 août 1850 : «C'était un serpent d'une longueur de six pieds [1,8 m] », a-t-il affirmé[1].

Un peu plus tard, un certain Harrington s'extasiait à son tour au sujet d'un serpent monstrueux devant un journaliste du *Stanstead Journal* qui allait publier ses propos.

«Le 1er juillet 1853, j'ai vu un serpent monstrueux, je vous le dis, d'une taille ne ressemblant à rien de ce j'ai vu auparavant. »

Un dénommé Harrington, *Stanstead Journal*, 1er juillet 1853[2]

Le *Stanstead Journal* ajoutait qu'un énorme monstre semblable à celui du lac Memphrémagog avait été capturé au Silver Lake, dans l'État de New York. Abondant dans le même sens, le *New York Times* renchérissait en

1884 en relançant le fait qu'un véritable serpent de mer des plus gigantesques hantait le lac estrien.

Plus on parlait de lui, plus Memphré semblait se montrer avec insistance. Un voile de peur enveloppait la région. On évitait le lac de plus en plus ou, à tout le moins, on se méfiait de ses eaux troubles et on y naviguait avec une extrême prudence. En 1900, on entendit même parler d'une dangereuse anguille géante qui nageait au milieu du lac en face du mont Owl's Head et qui engloutissait tout sur son passage, humains et canots compris!

 En 1917, George C. Merrill, pionnier de la ville de Newport, qui avait écrit sur l'histoire du lac Memphrémagog, publiait un livre qui fit beaucoup jaser, car il allait immortaliser sur papier l'existence possible du monstre lacustre. Avec *Uriah Jewett and the Sea Serpent of Lake Memphremagog*, Merrill livrait à tous l'histoire de ce Uriah Jewett qui confirmait hors de tout doute avoir bel et bien vu le diabolique serpent de mer à plusieurs reprises. Le livre allait susciter bien des craintes.

De 3 à 30 mètres

D'année en année, le monstre Memphré semble avoir pris des proportions inquiétantes que sont venus confirmer de nombreux témoignages. Au cours d'une excursion en bateau en 1937, une douzaine de personnes ont assisté au passage d'une créature étrange qu'ils ont décrite comme «un serpent long d'au moins 15 m avec un corps de 3 m de diamètre qui nageait en direction du mont Owl's Head[3]». En 1939, Memphré prenait encore plus d'envergure, mesurant «10 m de long[4]», aux dires des pensionnaires du Camp Elizabeth. En 1958, il faisait déjà «quelque bons 20 pieds [env. 6 m][5]», alors

qu'en 1975, selon le témoignage de Noé Viens et de son beau-frère Hector Guyon, Memphré était carrément devenu un monstre aux dimensions gigantesques. Voici leur témoignage.

«Hector voyait chaque matin vers 9 h 00 quelque chose qui flottait devant son chalet situé sur le chemin

Hartley-Bonn Road (devenu le chemin Viens). Un matin, j'avais pris ma carabine, je m'étais rendu à son chalet et nous étions partis en bateau vers cet objet inquiétant qui mesurait environ 1 pied [0,3 m] de diamètre par une bonne longueur de 60 pieds [env. 18 m], certain! Mais juste au moment où on est arrivés à quelques pieds de l'animal, il a plongé vers les profondeurs du lac en faisant une vague semblable à celle qu'aurait pu faire un gros bateau et depuis on l'a pas revu[6].»

En 1985, l'impressionnant corps serpentiforme du monstre s'allongeait plus encore. «C'était une ondulation très longue, vraiment très longue, peut-être une trentaine de mètres, et très étroite[7]» relate à son tour Hubert Mandron qui avait également été en intime contact visuel avec l'étrange créature des profondeurs.

Quant à Maxime Berrieau et Michael Lewis, deux adolescents, ils ont parlé avec stupéfaction d'une créature au corps atteignant certainement plus de 50 pieds [15 m] de longueur qu'ils avaient observée en 1994 près de l'île Lord. Sur son passage, l'animal insolite a même provoqué une vague plus grosse que leur bateau et ils ont eu une peur bleue de chavirer. Toutefois, c'est certainement en l'an 2000 que Memphré a battu tous les records de dimensions. Joanne, Serge et Bruno Nadeau, de Sherbrooke, n'oublieront jamais l'après-midi du 4 juin de cette année-là, qu'ils racontent en détail.

«Le lac était très calme, notre bateau était ancré au fond de la baie Sargent lorsque tout à coup on a vu ce qui ressemblait à une immense vague devant nous, comme celle que peut faire un bateau de 20 CV. On a alors vu une créature d'environ 75 pieds [env. 23 m], oui, oui, 75 pieds de long! Avec une immense tête et une longue queue! Lorsque la tête sortait et rentrait dans l'eau, on pouvait voir la queue. Le phénomène s'est produit de

huit à dix fois. La créature nous est apparue de couleur brune et lisse et elle avançait assez vite. Sa tête ressemblait à celle d'un cheval. On a pu voir son déplacement sur une distance d'environ 2 000 pieds [600 m] durant deux à trois minutes. Pas loin de nous, il y avait un couple mais lorsque je leur ai crié de regarder, la créature avait déjà plongé pour ne plus revenir[8]. »

En plus de ces étonnantes affirmations, de nombreux autres témoignages riches en détail ont aussi été recueillis. Voici quelques-uns des plus fascinants.

Un long cou, du poil et des bosses...

Avec le temps, la physiologie de l'animal mystérieux s'est elle aussi précisée. Certains le décrivaient avec un long corps qui «ressemblait à un immense dos de dauphin», avec une «tête de labrador» ou une «tête de phoque», avec un «corps de loutre, mais bien plus long», ou comme une «masse gris foncé, disons *charcoal*, avec des poils gris partout» ou bien «un corps de la grosseur d'un billot et couvert d'écailles brillantes» ou encore «quelque chose qui ondulait dans l'eau du haut vers le bas avec une tête deux fois la grosseur du corps, avec trois bosses sorties hors de l'eau»[9]... Memphré prenait une forme de plus en plus précise, mais continuait toujours de susciter au-

Le 25 août 1992, Micheline Roy dessinait ce croquis de l'étrange bête qu'elle avait aperçue sur le lac.

tant d'incompréhension par le mystère qui entourait son existence et ses origines.

Qu'est donc cette bête impressionnante?

Le 25 août 1992, Micheline Roy et Jean-Denis Dubuc déclaraient eux aussi avoir été témoins d'un phénomène étrange. Renversée par l'événement, Madame Roy prit même le temps de dessiner ce qu'elle avait vu.

 « Nous avons vu apparaître une masse brune presque noire, et lisse... »

Jean-Denis Dubuc

Monsieur Dubuc raconte

« C'était en face du mont Elephantis, entre 16 et 17 heures. L'eau était très calme et il faisait très chaud. Nous avions arrêté notre gondole au centre du lac pour nous baigner. À peine cinq minutes après être remontés sur la gondole, quelle ne fut pas notre surprise d'entendre à 50 pieds [15 m] de nous un sifflement semblable à celui d'un dauphin, puis un bruit d'eau.

Nous avons vu apparaître une masse brune presque noire, et lisse, semblable à un dos. Cette masse d'une hauteur de 2 pieds [0,6 m] est sortie et est entrée trois fois dans l'eau avant de disparaître. Le tout a duré environ 15 secondes.

La bête, enfin ce que nous avons vu, car il nous semble n'avoir vu que le dos seulement, devait mesurer 6 à 7 pieds [1,8 à 2,1 m] de long. Elle a provoqué une vague d'au moins 1,5 pied [0,45 m] de hauteur. Comme le lac était très calme, il a été facile de la remarquer.

Ma première réaction a été de démarrer le bateau et d'aller voir, mais Micheline n'était pas d'accord. Nous ne croyions pas du tout au phénomène des monstres marins avant cette expérience, mais maintenant nous sommes convaincus qu'il y a quelque chose de très étrange dans le lac Memphrémagog![10] »

Une piste étrange au fond de l'eau

« Il est clair que quelque chose d'énorme est passé par là[11]. »

C'est ainsi que Pierre Vincent s'exprimait le 2 août 1993 à propos de son aventure sous-marine dans le lac Memphrémagog. Après y avoir réfléchi longtemps, le plongeur se décidait enfin à écrire à Jacques Boisvert, fondateur de la Société internationale de dracontologie du lac Memphrémagog, afin de lui faire part d'une troublante observation effectuée au cours d'une plongée, plusieurs années plus tôt, en août 1981. Le caractère insolite de ce qu'il avait vu l'avait incité à être prudent dans sa divulgation. Il lui avait donc fallu plus de dix ans avant de se décider à en parler enfin.

« C'était par un chaud après-midi. Nous étions à bord d'un voilier ancré à l'île Molson en face du Grand Boisé. J'étais avec Carl Masson, un collègue plongeur. Mon père était demeuré à bord pour piloter le voilier et surveiller l'évolution du drapeau de plongée que nous remorquions le long de notre parcours. Nous sommes d'abord descendus à une profondeur modeste de 20 pieds [6 m]. [...] Après un certain temps, nous avons remarqué une déformation de terrain qui m'apparut très étrange, vu l'uniformité du relief autour. [...] C'était un sillon creusé dans la vase. Il avait environ une coudée [50 cm] de large.

De chaque côté de ce sillon, apparaissaient nettement des dépressions ayant un diamètre d'environ une demi-coudée.

[...] La profondeur du sillon était prononcée et uniforme. Quant aux dépressions latérales, elles se répétaient à des distances régulières d'environ six pieds [1,8 m], soit à peu près ma longueur. Elles n'étaient pas disposées en alternance, mais plutôt en parallèle, celles à gauche du sillon étant situées à la même distance que celles à droite. [...]

Je suis remonté un peu pour avoir une vue d'ensemble du sillon. À aucun moment, il ne m'apparut rectiligne, mais plutôt sinueux, disons onduleux. Après un certain temps, c'est devenu plus profond et nous avons atteint

les trente pieds [9 m]. C'est alors que nous nous sommes retrouvés en présence d'un impressionnant carrefour de sillons qui s'entrecroisaient et se recoupaient et qui avaient à peu près tous la même dimension et les mêmes caractéristiques. [...]

Nous poursuivions ces «traces fraîches», lorsque quelque chose est arrivé soudain. Des turbides de vase en suspension sont apparues, comme si le fond vaseux s'était soulevé. Nous sommes remontés un peu pour nous retrouver au-dessus de cette turbidité qui semblait se former par paquet, comme si c'était propulsé par quelque chose se déplaçant rapidement. La visibilité s'est alors détériorée pour devenir très mauvaise. Nous avons échangé des regards inquiets et nous avons décidé de remonter à la surface. Nous avons vite constaté qu'il n'y avait pas d'autres bateaux dans les parages. [...]

Et même, aucun bateau ne s'était approché dans le périmètre de plongée, nous a aussi garanti notre pilote. Il n'y avait donc eu aucune manœuvre d'ancrage dans les parages et rien n'aurait pu alors, à ce moment-là, draguer le fond depuis la surface.

 «Nous avons échangé des regards inquiets et nous avons décidé de remonter à la surface.»

Pierre Vincent

[...] Il me semble que les caractéristiques du sillon (forme, largeur, profondeur, dépressions latérales) suggéraient un mode de locomotion rampant.

Peut-on imaginer un plongeur si lourd, pour qu'il ait à ramper sur le fond, s'aidant de ses deux mains en draguant le fond sur une telle distance? Ça me paraît tout à fait improbable, tout simplement impossible. [...]

C'est depuis ce jour que l'existence d'un gros animal inconnu vivant dans le lac Memphrémagog m'a alors semblée probable[12].»

Deux Memphré?

Memphré a continué d'alimenter sa légende de plus belle. En 1997, Lucie Deslières et son conjoint Gerry Campbell se promenaient en bateau près de l'île Lord. Eux aussi sont demeurés bouche bée devant le spectacle extraordinaire qui s'est tout à coup présenté à eux. Madame Deslières garde en mémoire cette expérience fascinante où elle a eu le temps d'observer cette scène unique.

« Nous avions décidé d'arrêter le bateau au nord de l'île à 100 m de la berge pour nous asseoir à l'arrière. Le lac était très calme. J'ai entendu soudain un genre de sifflement et je me suis retournée pour apercevoir tout à coup deux créatures côte à côte à 100-150 mètres du bateau. Je voyais bien leurs queues, leurs corps avec trois à quatre bosses et leurs têtes qui ressemblaient à une tête de cheval avec des oreilles rondes. Leur peau était pareille à celle d'un dauphin de couleur noir-bleu reluisant. Elles devaient mesurer de 2,5 à 3 m.

Vous savez, j'ai déjà vu des baleines alors je n'ai pas sursauté quand je les ai vues. Mais c'était impressionnant quand même. D'ailleurs, je n'oserais pas utiliser le terme monstre, car j'ai trouvé ces créatures plutôt majestueuses[13]. »

Enfin, une vidéo!

Or, malgré tous ces témoignages, c'est une vidéo qui allait faire le plus de bruit! L'une des apparitions les plus médiatisées de Memphré demeure sans contredit celle du 12 août 1997 alors que l'Ontarienne Patricia de Broin Fournier, en vacances avec son conjoint Dan Long à Magog, a pu enfin filmer une scène extrêmement étrange. Le lac était calme. Le tout avait débuté par quelques frissons à fleur d'eau, puis ce fut la stupeur! Voici ce qu'allait en rapporter madame de Broin Fournier à l'époque.

« Ce n'était pas comme des vagues derrière un bateau, ça ressemblait à une seule et longue vague qui bougeait toute seule et qui avançait rapidement. À ce moment-là, j'ai pensé que ce pouvait être dû à certaines activités sismiques. Ce lac est magnifique et c'est un endroit magique. Je vais toujours l'aimer et même malgré ses mystères[14]. »

Par chance, Patricia de Broin Fournier a pu immortaliser sur bande vidéo l'image de ce phénomène inexpliqué durant de bonnes minutes. Ce qu'elle voyait s'allongeait telle une créature sombre, interminable et mystérieuse qui se déplaçait rapidement sur le lac, près de l'île Lord.

Puis, à peine quelques mois plus tard, le 24 décembre précisément, une autre surprise attendait madame de Broin Fournier. Elle eut ce jour-là la chance d'observer un autre phénomène plutôt inusité. Elle et sa sœur Annick étaient

Le 12 août 1997, l'Ontarienne Patricia de Broin Fournier réussit à capter sur image vidéo cette apparition mystérieuse ressemblant à un long serpent marin.

au quai de Knowlton's Landing dans la baie Sargent. L'eau n'était pas entièrement gelée. Annick eut alors le temps d'apercevoir une forme d'environ un mètre de diamètre qui lui apparût plutôt «comme une roche», jusqu'à ce que celle-ci plonge soudainement! Une fraction de seconde plus tard, Annick et Patricia ne voyaient plus qu'une multitude de grosses bulles à la surface de l'eau.

«Ce que j'ai vu avait une couleur plutôt grisâtre foncé et ressemblait au dos d'une baleine à bosse!» ajouta Annick. «De mon côté, j'ai pensé que Memphré était simplement venu à nouveau me dire un petit bonjour en passant!» s'amusa Patricia[15].

Pas besoin de le voir pour y croire

Memphré suscite toujours autant d'intérêt, et ce, un peu partout dans le monde. L'un de ses plus fervents adeptes «lointains» demeure sans contredit l'Américain Tim Mooney. Ce professeur d'école vit avec son épouse sur les rives de St. Clements Bay dans le sud du Maryland. Au début des années 2000, Tim cherchait un document à lire à ses élèves qui pourrait stimuler leur imagination. Il choisit un chapitre d'un livre sur le monstre du Loch Ness. En leur faisant la lecture, il devint tout aussi fasciné qu'eux par ce phénomène inaccoutumé. Très vite, il allait découvrir qu'il n'avait pas besoin de se rendre dans la lointaine Écosse pour en savoir plus sur ce genre de monstres marins, car il apprit l'existence d'un certain Memphré dans les eaux d'un lac des Cantons-de-l'Est, au Québec. C'était presque la porte à côté! C'est ainsi que Tim se mit à accumuler des données au sujet de Memphré et qu'il partit à la rencontre de Jacques Boisvert, qui lui permit gentiment de se plonger dans sa volumineuse documentation si instructive.

Depuis ce temps, Tim Mooney se rend à Magog le plus souvent possible même si ce n'est jamais assez souvent, trouve-t-il. À la lumière de ses recherches élaborées, Tim pense que Memphré serait un représentant des plésiosaures et il nous explique pourquoi.

 «Je crois vraiment que ces animaux ressemblent à ce qu'ils étaient autrefois [...] Je crois qu'il y en a encore aujourd'hui dans ce lac[16]. »

Tim Mooney

«Certains ont dit avoir vu un immense cou de 20 ou 40 pieds [6 ou 12 m] de long surgir de l'eau. Quel animal vit sous l'eau et a le cou d'une girafe? Le seul animal qui ressemble à cela et qui ait déjà existé est le plésiosaure. Alors, voilà, plutôt que de présumer qu'il n'en existe plus, j'ai choisi de me dire qu'il doit encore y en avoir. En général, les scientifiques sont très bons dans ce qu'ils font, et je les respecte pour leurs compétences. Mais ils sont si convaincus par leur conception évolutionnaire de la vie et ils affirment avec tant d'assurance que les plésiosaures sont disparus depuis 50 millions d'années qu'il serait difficile pour eux d'affirmer maintenant : "Nous avions tort, tous les livres éducatifs sont erronés. Les plésiosaures existent toujours." [...] Je souhaite qu'ils changent leur opinion et qu'ils soient plus ouverts à la possibilité que certains dinosaures existent peut-être encore aujourd'hui. Ils pourraient les étudier plutôt que de nier leur existence.

Je crois vraiment que ces animaux ressemblent à ce qu'ils étaient autrefois [...] Je crois qu'il y en a encore aujourd'hui dans ce lac[16]. »

Tim Mooney est véritablement fasciné par les monstres lacustres. Il aime beaucoup lire la Bible et il y a même trouvé la description d'une créature identique dans le livre de Job. De plus, il considère que ces bêtes mystérieuses constituent un moyen privilégié pour nourrir l'imagination des jeunes à qui il enseigne. Il trouve que ce sujet captivant les encourage à faire des recherches en biologie, en physique et dans plusieurs autres disciplines.

 Plusieurs passages de la Bible abordent l'existence des monstres lacustres, dont les suivants.

- La Genèse, *La création en sept jours*, verset 21 : « Dieu créa les grands monstres marins, tous les êtres vivants et remuants selon leur espèce, dont grouillèrent les eaux, et tout oiseau ailé selon son espèce. Dieu vit que cela était bon. »

- Le Psaume 148, verset 7 : « Louez Yahvé depuis la terre, monstres marins, et vous, tous les abîmes. »

« Des recherches supplémentaires m'ont permis de découvrir que Memphré pourrait être un représentant d'une espèce rare de la famille des *Elasmosaurus*, mais avec un corps plus massif et plus gros comme les créatures de la famille des *Cryptoclidus*. Puisque je n'ai pas encore vu moi-même l'un de ces animaux, je conserve en tête l'idée que je m'en fais jusqu'au jour où j'aurai le bonheur de me voir confirmer que mes recherches étaient pertinentes[17]. »

Un plésiosaure?

Et si le monstre du lac Memphrémagog, que l'on décrit souvent comme un serpent marin, était vraiment un représentant des plésiosaures, un groupe d'animaux préhistoriques vieux de nombreux millions d'années? Et si ce plésiosaure avait pu survivre aux glaciations en se terrant dans les profondeurs abyssales, et avait pu trouver le moyen de se reproduire à l'insu de tous à travers les siècles et les siècles? En fait, c'est ce que certains cryptozoologistes s'entendent à dire.

Fort de plusieurs années de recherches sur les monstres marins et autres animaux mystérieux du genre, le docteur Bernard Heuvelmans, zoologue de nationalité belge et fondateur de la cryptozoologie, a consacré de nombreux travaux à ces «formes animales encore inconnues[18]». La cryptozoologie a pour but d'étudier ces êtres encore inexpliqués et de partir en quête des animaux non encore officiellement répertoriés. Leur existence, malgré qu'elle suscite controverses et débats, a pu néanmoins se manifester par des témoignages oculaires, des films, des photos, des enregistrements de cris ou des indices matériels tels qu'empreintes, poils, ossements, etc. Or, comme ces manifestations sont, pour la plupart, considérées comme insuffisantes par la communauté scientifique, cette dernière définit plutôt cette discipline comme une pseudoscience.

Malgré tout, selon les cryptozoologistes, l'espèce animale étrange qui habite le Memphrémagog pourrait être un plésiosaure, aussi appelé long-cou.

Le long-cou

Dans son livre *Le grand Serpent-de-Mer* paru en 1965, Bernard Heuvelmans décrit le long-cou comme «un animal marin d'assez grande taille, nettement supérieure à celle des plus grands pinnipèdes, et se reconnaissant à son long cou très mince. Sa forme générale est très variable du fait de l'épaisseur de ses tissus adipeux: fusiforme, voire serpentiforme en pleine course, il paraît épais et boudiné quand il se tasse sur lui-même. [...] Sa tête, relativement petite, est de forme ronde avec un museau plus ou moins effilé, rappelant tantôt le phoque ou le chien, tantôt le cheval, le chameau, la girafe. Les yeux, très petits, ne sont pratiquement pas discernables, sauf quand l'animal est vu de très près. [...] Le cou est long et cylindrique; d'une extrême souplesse, il peut se recourber dans tous les sens, et en particulier dans le plan vertical, comme chez les cygnes. Il peut aussi être dressé perpendiculairement sur l'eau comme un poteau télégraphique. [...] l'animal peut, suivant le degré de flexion de celui-ci, présenter une, deux ou trois grosses bosses dorsales, celle du milieu étant, dans ce dernier cas, la plus importante[19].»

Pour alimenter l'hypothèse comme quoi Memphré pourrait bien être un spécimen évolué de plésiosaure, de nombreux témoignages recueillis au fil des ans convergent encore aujourd'hui vers une description rappelant étrangement cette bête préhistorique.

De fait, en 1920, on parlait déjà de «créature à plusieurs bosses» ou «d'une bête au long cou qui sortait de l'eau d'une longueur de 8 à 9 pieds [2,4 à 2,7 m] et d'un diamètre de 6 à 8 pouces [15 à 20 cm]». En 1940, Wilfrid Hamelin était tout surpris de voir au bout du quai Perkin's Landing une «tête au bout d'un long cou sorti de l'eau». En 1944, alors qu'il se trouvait dans une petite chaloupe qu'il a craint de voir chavirer, Jules Pothier a été apeuré, lui aussi, par la présence très proche d'«une immense bête de 10 à 15 pieds [3 à 4,5 m] de long, de couleur gris-noir avec un peu de jaune et avec une très grosse tête de serpent»[20].

Memphré sur toile

Un artiste riverain, Jean Grenier, a reproduit en un dessin d'une grande précision ce long serpent que tant de gens ont déjà aperçu. Il nous raconte d'ailleurs la scène dont il fut lui-même témoin en 2003.

«J'ai eu le temps de m'approcher de la bête qui a finalement plongé, sans revenir à la surface. »

Jean Grenier

«Ce matin-là, j'étais allé à la pêche vers 8 h 30. J'habite sur les bords de la rivière Castle Brook qui se jette dans le lac Memphrémagog. Je me dirigeais vers l'est (vers l'autre côté du lac) quand soudain au centre du lac et

En 2003, tout de suite après avoir vu ce long serpent sur le lac Memphrémagog, l'artiste Jean Grenier s'assoit à sa table à dessin pour le reproduire ainsi.

face à la baie Lafrenaye, entre l'île à l'Aigle et la première île des Trois Sœurs, j'ai été attiré par une réflexion sur l'eau. Le lac était très calme et j'avais le soleil devant moi, la vague reflétait sa lumière sur l'eau mais c'était plus qu'une vague, c'était comme des phares lumineux dans la nuit, alors que nous étions en plein jour. Puis, j'ai vu comme la forme d'une baleine (j'en ai vu assez souvent lorsque je vais sur la Côte-Nord) – je n'ai vu ni la queue ni la tête –; c'était environ à 800 pieds [250 m] de moi, la bête avait une trentaine de pieds [9 m] de long. Le reflet était tellement intense que c'était semblable à la partie avant de la bête; sur mon croquis, je montre assez bien ce que j'ai vu. Le phénomène a duré environ trois minutes.

J'ai eu le temps de m'approcher de la bête qui a finalement plongé, sans revenir à la surface. Même si le lac était calme à ce moment-là, j'ai ensuite vu venir une grosse vague vers moi – en fait, c'était plutôt trois vagues massives – et lorsque la vague a atteint mon petit bateau de 14 pieds [3,25 m], il s'est soulevé beaucoup.

Environ une demi-heure plus tard, j'ai fait une analogie quand des bateaux sont passés. J'ai senti la vague beaucoup moins forte, alors je me suis dit que la bête en question avait déplacé un volume d'eau beaucoup plus grand qu'un bateau de 1 000 à 2 000 livres [450 kg à 900 kg]. Pour moi, l'impact de la bête était trois fois plus puissant que ce bateau. J'ai regardé autour de moi pour voir s'il y avait des gens dans d'autres bateaux que j'aurais pu interpeller pour leur demander s'ils avaient vu ce que je venais de voir, mais je n'en voyais aucun.

Ce n'était pas une hallucination !

C'était semblable à une baleine. La bête était noire et luisante, d'une longueur d'environ 30 pieds [9 m], et se déplaçait très lentement. Je n'ai pas eu peur, parce que j'avais déjà vu des baleines auparavant, mais je peux vous dire qu'on ne peut pas imaginer qu'on est sur le Memphrémagog, c'est vraiment étonnant de voir ça dans ce lac ![21] »

Ce jour-là, encore étonné par ce à quoi il venait d'assister, Jean Grenier s'est assis à sa table à dessin et a vite recréé sur papier la scène troublante qu'il avait observée.

Il est clair que l'œuvre de monsieur Grenier, un homme tout à fait sain d'esprit, représente bien, une fois de plus, le corps de cet impressionnant serpent marin comme il fut décrit si souvent par le passé.

Memphré récidive

Plus récemment encore, c'est-à-dire le 7 juin 2007, Yvon Bélair racontait, avec tout autant d'ahurissement que les nombreux autres témoins, une apparition bien singulière à laquelle il a assisté.

Monsieur Bélair se trouvait à Pointe-au-Phare sur le terrain d'un client pour qui il restaurait un phare décoratif avec l'aide de son fils Michael et d'un employé, Dany Doyon.

Memphré
à la galerie d'art

1 – Gaetane Gauthier
2 – Caroline Guérard
3 – François Girard
4, 5 – Jocelyne Généreux Gervais

Depuis 2002, chaque été, la Galerie des artistes du Canton à Magog présente dans l'une de ses salles baptisée «Jacques Boisvert» une exposition d'œuvres d'artistes et d'étudiants en beaux-arts de la région, différente d'une année à l'autre et inspirée du monstre du lac Memphrémagog. Cela contribue à accentuer l'intérêt des visiteurs pour le mystérieux animal lacustre.

«C'était assez impressionnant! Et on l'a vu tous les trois!»

Yvon Bélair

«Il était 15 h 30. On avait décidé de prendre une pause sur la galerie qui donne sur le lac. Moi, j'étais assis dos au lac, et mon fils et Dany lui faisaient face. À un moment donné, Michael m'a dit: "Papa, qu'est-ce qu'il y a sur le lac donc?" Je me suis retourné et moi aussi, j'ai tout de suite lancé mais qu'est-ce que c'est ça? C'était assez impressionnant! Et on l'a vu tous les trois! Il ne faut pas oublier que le lac était calme comme un miroir. Il n'y avait vraiment pas une vague et pas un bateau autour qui aurait pu en faire une.

Ce qu'on voyait, c'était comme un sillon qui s'en allait en ligne droite. Ce n'était pas comme ce que l'on voit derrière un bateau, non, non. Ça faisait un seul sillon dans l'eau. La chose sortait certainement d'un pied [0,3 m] de l'eau. C'était de couleur sombre, plutôt vert olive ou dans ces couleurs-là, assez foncé. On a pu l'observer une bonne minute. Ça mesurait entre 40 et 50 pieds [12 et 15 m] de long, certain. C'était tout en longueur.

Je ne peux pas dire que je voyais une tête, mais ce que je voyais en avant se levait assez hors de l'eau pour que je puisse voir en dessous, puis ça redescendait vers l'eau et en arrière ça faisait pareil en même temps. On voyait que ça avançait, ça s'en allait vers Magog. C'était pas mal bizarre!

C'était gros, long et foncé! Puis, tout d'un coup, c'est redescendu sous l'eau, pas une vague après ça, rien. Ça a plongé, ni vu ni connu!

Dix minutes après, il est passé un bateau à très bonne vitesse et on a remarqué que la vague qui suivait l'embarcation n'avait pas la moitié de la hauteur de ce qu'on avait vu avant.

Depuis ce temps-là, quand je suis au bord du lac, je surveille toujours. On sait jamais, je pourrais le revoir![22]»

Pour le voir de loin!

La tour Memphré a été érigée en 2003 au bord de l'eau sur le quai MacPherson, à Magog, pour ceux qui désirent tenter de repérer Memphré ou simplement apprécier les différents points d'intérêt géographiques et historiques du lac. Un autre promontoire sur le bord de l'eau, du nom de Place Memphré, est planté d'un panneau sur lequel on peut lire «Site d'observation de créatures lacustres».

On retrouve un panneau identique sur le chemin des Pères, non loin de Saint-Benoît-du-Lac, où la vue sur le lac est exceptionnelle. Un lieu d'observation privilégié pour quiconque veut tenter sa chance de voir apparaître ce monstre.

Et si c'était un alligator?

Le monstre du lac Memphrémagog pourrait-il être plutôt un alligator colossal?

À en juger par certains témoignages d'hier à aujourd'hui[23], ce n'est pas impossible. Encore faut-il faire abstraction de la froide température de l'eau en Amérique du Nord!

À l'été 1930, Joel et Ira Brown ont parlé «de traces palmées à quatre doigts qui ressemblaient à celles d'un lézard alors qu'au centre, une queue semblait avoir traîné».

Le 1er juillet 1935, madame Dolliff constatait avec émoi la présence d'une bête bizarre sur le sable devant son chalet. «Cette bête ressemblait étrangement à un alligator.»

Le 26 octobre 1935, le docteur Curtiss Claussen, son épouse et Winona Hutchins, une amie, témoignaient ainsi à leur tour: «Nous avons vu une créature du genre alligator entrer dans le lac près de la baie Quinn. Après

Artiste anonyme. Gracieuseté de la Galerie des artistes du Canton à Magog.

avoir mesuré les traces, on peut dire qu'il faisait 18 pouces [45 cm] entre les épaules et 10 pieds [3 m] de long.»

Le 5 juin 1999, Minya Gavrilovic a décrit une créature imposante qu'elle a aperçue ce jour-là comme «un énorme alligator».

Deux lacs, un même profil

Est-ce l'abbaye de Saint-Benoît-du-Lac ou le monastère des moines bénédictins situé sur les rives du loch Ness? Les deux lieux présentent des ressemblances confondantes, il faut bien l'avouer... Sur cette photo, nous sommes au loch Ness.

Saviez-vous que le lac Memphrémagog, en Estrie, et le loch Ness, en Écosse, présentent plusieurs similitudes? Juste avant sa mort en 1994, Robert Kenneth Wilson, l'auteur de la célèbre photo où l'on voit Nessie au cou tendu hors de l'eau, a avoué qu'il avait utilisé une maquette de 80 cm pour réaliser sa photo truquée. Il a quand même grandement contribué à rendre Nessie très populaire dans le monde entier. Malgré cet aveu, plusieurs personnes ont continué de déclarer et déclarent encore aujourd'hui avoir réellement vu ce monstre serpentiforme nager dans les eaux du lac écossais.

Voici les ressemblances entre le loch Ness et le lac Memphrémagog[24]

- Les deux lacs sont de dimensions similaires : environ 40 km sur 1,5 km.

- Ils ont chacun deux grandes baies : Drumnadrochit et Invermoriston au loch Ness ; Fitch et Sargent au lac Memphrémagog.

- Leur orientation géographique est semblable : nord-est à sud-ouest, le courant coulant du sud au nord, alors que les eaux de la plupart des lacs aux États-Unis, par exemple, circulent en sens contraire.

- Sur les berges du lac Memphrémagog est construite l'abbaye bénédictine Saint-Benoît-du-Lac, alors que sur les bords du loch Ness s'élève l'abbaye bénédictine de Fort Augustus. Les deux monastères présentent des architectures semblables, à tel point qu'on peut se méprendre si on les regarde en photo.

- Huit rivières se jettent dans le loch Ness ; même situation pour le lac Memphrémagog.

- Au cours de la Deuxième Guerre mondiale, un avion sombra dans le loch Ness le 31 décembre 1940. Bilan : un mort. Le 28 juin 1942, un avion de guerre plongea dans le lac Memphrémagog et son pilote mourut aussi dans l'accident.

- Les deux lacs atteignent des profondeurs maximales d'un peu plus de 106 mètres.

Jacques Boisvert, le père adoptif de Memphré

On ne peut raconter l'histoire de Memphré sans parler de Jacques Boisvert, son «père adoptif». Celui-ci fut un plongeur émérite. Au fil des ans, il a fini par s'étonner de la quantité de gens qui venaient lui raconter avoir vu une drôle de «chose» dans le lac.

En 1979, il se mit donc à archiver avec un soin méticuleux tous les témoignages de ces personnes qui venaient amicalement partager leur expérience avec lui. Le tout est classé avec précision par année et par nom. Il a ensuite greffé à cette liste une foule de documents au sujet des monstres lacustres, dont Memphré bien sûr, et une multitude d'extraits de journaux se rapportant à cette étrange créature. S'il existe autant de documentation au sujet de Memphré aujourd'hui, c'est sans contredit grâce à ce patient monsieur Boisvert.

Le baptême de Memphré

> «Tous les noms des monstres connus étaient anglais: Kelpie, Nessie, Tessie, Caddie etc. Memphré est devenue la première créature aquatique à posséder un nom français», aimait dire Jacques Boisvert.

> L'Assemblée législative du Vermont est même allée jusqu'à adopter une loi à l'unanimité le 17 mars 1987 (portant la dénomination J.H.R. 19) pour «protéger Memphré». Une demande identique fut acheminée à l'époque au gouvernement québécois, mais elle est restée lettre morte.

D'ailleurs, dans le but d'officialiser l'existence de ses abondantes archives, cet homme passionné et passionnant fondait en 1986 la Société internationale de dracontologie du lac Memphrémagog.

Branche de la cryptozoologie, la dracontologie est une discipline nouvelle créée en 1985 et vouée à l'étude scientifique et mythique des créatures lacustres comme Memphré, ici et dans tous les lacs du monde.

Le terme «dracontologie» est un néologisme de bon aloi qui fut accepté par l'Office québécois de la langue française (OQLF) le 3 décembre 1984 ainsi que par l'*American Heritage Dictionary*. L'OQLF a reconnu la base logique de la création de ce mot nouveau suggéré par Jacques Boisvert. Il est cependant intéressant de savoir que ce mot ne fut pas inventé par monsieur Boisvert mais bien par un de ses amis, moine bénédictin qui vivait sur les rives du lac Memphrémagog et qui a désiré conserver l'anonymat conformément à sa vocation religieuse.

À maintes reprises, on a demandé à Jacques Boisvert s'il croyait en Memphré, compte tenu du fait qu'il y portait une attention si particulière. Il avait l'habitude de répondre: «Je n'ai pas à y croire ou à ne pas y croire. Mon travail d'archiviste consiste seulement à conserver en archives toutes les observations à son sujet.» Toutefois, il a fini par apporter cette précision: «Honnêtement, je dois vous avouer que je ne voudrais pas rencontrer cette créature de 30 pieds [9 m] de long en plongée. Je mesure juste 6 pi 2 po [1,88 m], moi! Si ça arrivait, je pense que je mettrais fin à ma carrière de plongeur![25]» Cela veut-il dire que l'homme pausé et réfléchi a fini par croire en l'existence de Memphré? «Vous savez, le Memphrémagog, je l'ai exploré en long et en large, mon record de plongée est de 240 pieds [73 m] alors que le lac à son plus profond fait 351 pieds [107 m]. J'ai amassé une foule d'objets, des bouteilles, des poteries...[26]» Il a hésité avant de continuer, réfléchissant. Puis, après s'être remémoré une plongée avec son fils, il a ajouté qu'il y avait bien eu ce moment précis où il avait posé la main sur quelque chose qu'il avait d'abord cru être une souche. «La chose s'était soulevée brusquement pour disparaître mystérieusement dans un nuage de sable. Je ne peux affirmer si c'était définitivement Memphré parce que je ne l'ai pas vu. Ç'aurait pu être n'importe quoi comme ç'aurait pu être sa queue[27].»

 «Honnêtement, je dois vous avouer que je ne voudrais pas rencontrer cette créature de 30 pieds [9 m] de long en plongée.»

Jacques Boisvert

Malheureusement, Jacques Boisvert a quitté ce monde le 4 février 2006, après avoir fait plus de 6 000 plongées, réunit une documentation monstre sur cet animal et fait parler de lui comme le «père de Memphré». Cet homme qui n'avait que des amis, qui était respecté de tous, s'est éteint sans avoir jamais pu rencontrer la bête mystérieuse qui avait alimenté d'innombrables heures de recherche de sa vie.

Selon certains spécialistes[28], les phénomènes observés au lac Memphrémagog qui évoquent étrangement un long serpent pourraient être à vrai dire des seiches, c'est-à-dire des oscillations à la surface de l'eau. Il arrive qu'une modification soudaine dans la pression atmosphérique constatée dans des régions de microclimat puisse provoquer une seiche. Un changement dans les vents frôlant les hautes montagnes pour aboutir au lac ou un vent provenant de l'autre bout du lac même et glissant sur la surface pourraient provoquer une seiche en bout de course.

La seiche peut apparaître à la surface de l'eau comme un léger «frisson», mais peut tout aussi bien former ce que l'on pourrait appeler une «vague de fond», une vague unique qui peut surgir tout à coup au milieu d'un lac.

De plus, cette perturbation dans le vent peut se produire à des kilomètres de la zone où apparaîtra la seiche, car la surface d'un lac est un terrain plat qui contribue facilement à la propagation d'un courant d'air, par exemple. Le nœud de l'oscillation ou le lieu où elle se produit semble souvent se trouver au-dessus des zones les plus profondes d'un lac.

À l'automne, un autre phénomène appelé retournement (*turn over*) peut aussi se produire et sembler plutôt bizarre si l'on ne sait pas ce que c'est. Le retournement est un mouvement d'eau engendré par le refroidissement de la surface.

En refroidissant, les eaux de surface changent de densité par rapport aux eaux de fond. Un mélange soudain des eaux peut générer des remous, des vagues localisées ou de nombreuses petites bulles à la surface de l'eau.

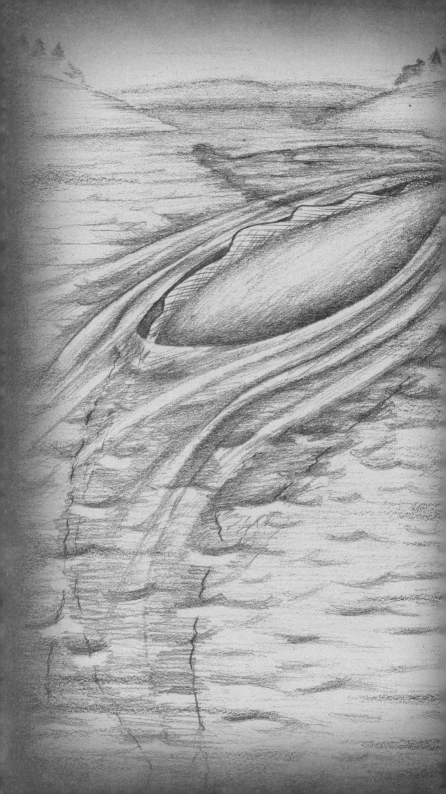

PONIK, LA BÊTE DU LAC POHÉNÉGAMOOK

Taille estimée : entre 3 et 12 m
Lac : Pohénégamook
Dimensions : 9,4 km sur 1,4 km
Profondeur maximale : 41 m
Région : Bas-Saint-Laurent
Principale municipalité avoisinante : Pohénégamook

---

*« Je sais que c'est quelque chose de quasiment impossible.
J'ai vu ça une fois dans ma vie et depuis ce temps-là,
je dois douter sur ce qui existe et ce qui n'existe pas.
C'est clair, il y a quelque chose ! »*
Mario Bouchard, témoignage extrait
du documentaire *La Bête du Lac* de Nicolas Renaud[29]

*« On a vu de quoi, ça a duré deux, trois secondes,
mais on n'a jamais pu dire c'était quoi. C'est comme ondulé
sur le dos, ça a fait une grosse vague puis c'est reparti. »*
Fernand Asselin[30]

*« Le lac était calme. J'ai vu quelque chose qui pataugeait
dans l'eau. [...] Ça avait deux nageoires qu'on voyait
très clairement. Les deux nageoires fonctionnaient l'une
d'un côté, l'une de l'autre alternativement comme un animal
qui marche. Apparemment, y a des poissons préhistoriques
qui peuvent nager comme ça. »*
Rosaire Boucher[31]

« Ça avait trois, quatre arêtes pointues à même la bosse... »
Jean-Pierre Laplante[32]

« C'était long comme un autobus scolaire ! »
Marie Guérette[33]

Aux dires de certains archivistes, les premières apparitions de la mystérieuse bête du lac Pohénégamook remonteraient à 1874, à l'arrivée des premiers cultivateurs venus s'installer dans la région. Selon d'autres, elles dateraient plutôt du début des années 1920 ou 1930.

 « Ça pouvait pas être une vague, c'était bien trop long, ça avait 20, 25 pieds [6, 8 m] de long, le lac était calme comme un miroir, je rêvais pas, je l'ai suivi des yeux un bon bout de temps ! »

Eva-Louise Hamer[34]

Si l'on ne s'entend toujours pas sur ces dates, on sait par contre hors de tout doute que, quel que soit le moment où elle s'est mise à se manifester, la « Bête du Lac » a tout de suite causé une grande frayeur chez les riverains. En ces temps-là, plusieurs s'abstenaient même de naviguer sur le lac de peur qu'elle les fasse chavirer. Rien qu'à l'idée de s'y baigner, tous s'entendaient pour dire qu'ils préféraient laisser le lac à la dame mystérieuse. Par la suite, la légende s'est transmise de père en fils, de mère en fille.

Aujourd'hui encore, l'imposante créature maintenant baptisée Ponik semble toujours aussi présente dans la vie des riverains qui acceptent volontiers de partager le lac avec elle jusqu'à ce qu'ils la voient. Après l'avoir observée, des témoins oculaires avouent avoir du mal à retourner sur ou dans l'eau.

Et on l'aperçoit régulièrement à Pohénégamook!

Les histoires les plus surprenantes abondent à son sujet.

«Monstre marin», «serpent de mer», «dragon médiéval», «dragon des eaux», «monstre ailé», «cheval-anguille»... Quelles qu'aient été ses appellations au fil du temps – et c'est l'un des monstres de lac qui semblent en avoir suscité le plus –, encore aujourd'hui cette créature des fonds lacustres fait abondamment jaser dans les chaumières de la région. Les jeunes prennent même un malin plaisir à se raconter ces histoires à faire peur autour des feux du camp.

Sculpture de François Maltais installée au bord du lac, représentant la queue de Ponik.

Réfugiée sous l'église

À la lumière de nombreux témoignages, la curieuse Bête du Lac aurait visité les villageois beaucoup plus fréquemment en 1957-1958, à la suite d'importants dynamitages effectués pour la restauration de la route 289 qui longe le lac. Ponik avait-elle dû quitter la grotte où elle séjournait le plus souvent possible? C'est ce que certains ont prétendu.

«C't'à cause du curé de Saint-Éleuthère»

Pour certains résidants, la fameuse «Bête du Lac» pourrait bien être l'un des esturgeons de l'ancien curé de Saint-Éleuthère. Le prêtre aurait perdu ses poissons dans le lac le jour où son bassin d'élevage a été inondé. C'était dans les années 1930, nous raconte-t-on. L'un de ces animaux libérés aurait-il pu atteindre des proportions gigantesques depuis?

Pour d'autres, la bête aurait pu trouver refuge dans une caverne souterraine à la pointe du lac, juste sous l'église du village! On raconte même que sous les fondations de l'église, quand on est au sous-sol, on peut entendre de l'eau circuler et même quelque chose comme des clapotis mystérieux... Accès non autorisé aux particuliers, par contre!

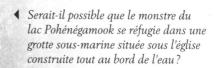

◀ *Serait-il possible que le monstre du lac Pohénégamook se réfugie dans une grotte sous-marine située sous l'église construite tout au bord de l'eau?*

Pages suivantes:
Les 15 et 22 mai 1977, Ponik faisait la une du Allo Police. Même le curé du village prétendait l'avoir vu et en faisait un croquis détaillé.

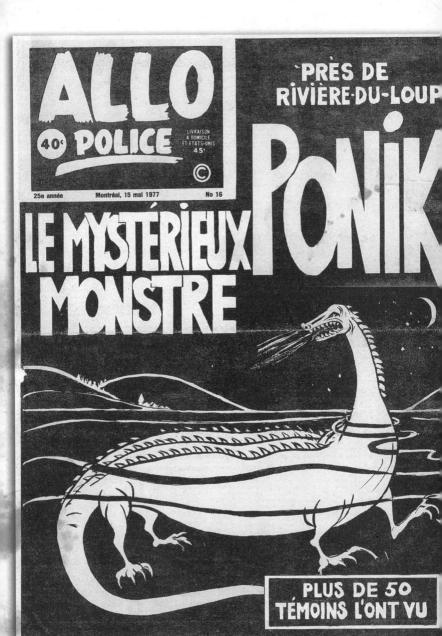

ALLO POLICE

40¢

LIVRAISON
A DOMICILE
ET ETATS-UNIS
45¢

e année   Montréal, 22 mai 1977   No 17

L'ANCIEN CURÉ DU VILLAGE:

'OUI
'ai vu le MONSTRE"

Ponik tel que dessiné par le prêtre

Une récompense de 100$

Dans les années 1960, la Bête du Lac fit tellement parler d'elle que le ministre des Pêcheries aurait, semble-t-il, émis un permis d'exception permettant aux pêcheurs de traquer ledit animal. Une récompense de 100$ était promise pour la prise ou même pour une simple photo de l'intrus. Les pêcheurs se sont donc affairés à concevoir d'énormes hameçons, des filets démesurément grands, afin d'attraper la bête fabuleuse qui, tout ce temps, continuait de se montrer bien plus rusée qu'eux! Et au moment de mettre ce livre sous presse, personne n'avait encore réussi à extirper l'animal de ses eaux protectrices.

Japonais et Torontois en quête de Ponik

Dans les années 1970, Ponik jouissait même d'une popularité mondiale! Au mois de juillet 1977, tous les habitants de Pohénégamook se souviennent des visiteurs singuliers qui se sont pointés chez eux. Deux équipes

 Un jour, l'écran de leur sonar leur révéla le passage d'une masse très importante.

de plongeurs, des Japonais et des Torontois, avaient décidé de se faire concurrence à qui aurait la chance de filmer en premier l'insaisissable monstre. Les Torontois rivalisèrent de vitesse et ratissèrent les eaux profondes et noires du lac avant les Japonais.

Aidés de leur équipe, les plongeurs torontois Bob Murray et Josef Vykydal ont alors étudié la grande étendue d'eau à l'aide d'un sonar, d'une caméra submersible à infrarouge (pour tourner dans le noir) et d'un puissant projecteur pour éclairer les zones les plus opaques. Leurs nombreuses plongées leur ont notamment permis de constater qu'il y avait bel et bien une grotte, sinon une fosse importante, sous l'église du village, gouffre difficile à explorer compte tenu de l'opacité quasi totale de l'eau et de sa froideur à cette profondeur. Ils ont également pu tirer la conclusion qu'il y avait une autre grande fosse d'une profondeur de 40 m au pied de la montagne de la Croix. Il serait même possible qu'il y ait là d'importantes réserves d'oxygène.

De plus, un jour, l'écran de leur sonar leur révéla le passage d'une masse très importante d'une longueur de 8 m qui se faufila sous leur bateau à quelque 6 ou 7 m de profondeur et qu'ils n'ont pu voir autrement que par cet instrument. Le mystérieux monstre Ponik leur avait-il filé entre les palmes, se glissant à quelques mètres sous eux sans même qu'ils puissent le voir?

Les plongeurs sont retournés chez eux avec le sentiment que, s'il existait, ce monstre du lac était bien rusé.

Quant aux Japonais, il semble qu'il n'existe pas de trace concluante de leur passage dans la région.

« C'était gros comme une baleine! »

D'année en année, les riverains de Pohénégamook n'ont pas cessé de jeter un regard scrutateur vers le lac énigmatique. Ceux qui n'ont pas vu la bête l'espèrent. Ceux qui l'ont vue n'oublieront jamais cette expérience et souhaitent avec impatience la revoir un jour.

Auteur et fonctionnaire pour Emploi-Québec, Mario Bouchard fait partie des témoins d'un phénomène étrange ayant changé leur perception de ce qui peut habiter le lac. C'était un dimanche midi, en 1980.

Il n'oubliera jamais cet instant. Il partage avec nous ses souvenirs marquants.

« Il est clair que j'ai vu quelque chose d'extraordinaire. J'ai une formation scientifique et je sais que ce que j'ai vu à ce moment-là était quelque chose qui ne se pouvait pas ! C'était dans les mêmes conditions où les gens assistent à une apparition. C'était une journée de canicule, sans vent, le lac était très calme. Et tout ça démontre bien les caractéristiques de vie d'un poisson de fond. Les esturgeons agissent comme ça, entre autres.

Ils viennent à la surface en temps de canicule. Et ça nous porte à se dire que s'il existe vraiment un monstre dans le lac Pohénégamook, c'est sûr et certain que c'est un poisson de fond, parce que scientifiquement, il en a les habitudes. Les autochtones en parlaient déjà autrefois. Donc s'ils en parlaient, ça veut dire qu'à venir jusqu'à aujourd'hui, cette bête-là n'est sûrement pas seule. Le problème c'est que si on dit que c'est un esturgeon, il y aurait d'autres esturgeons dans le lac, il ne serait pas

seul. On aurait un jour ou l'autre fini par en pêcher un ou par retrouver des spécimens morts sur les rives, il me semble. Mais non, on n'en a pas trouvé, on n'en a pas pêché! Des spécialistes ont fait des analyses dans notre lac. Cette étendue d'eau pourrait supporter de 1,5 à 1,6 bête de cette grosseur-là qui pourrait se nourrir de poissons, de plancton ou d'algues dans le lac.

 «Si on a un poisson gros comme une baleine dans le lac Pohénégamook, on pourrait bien dire que c'est un monstre!»

Mario Bouchard

C'est donc scientifiquement impossible, le phénomène qu'on voit!

Si je me fis à ce que j'ai vu, c'était à environ 150 pieds [45 m] du bord et on était une cinquantaine de personnes. J'ai bien vu le dos d'un gros poisson. Ça mesurait certainement 20 pieds [6 m] de long. J'ai pu l'observer trois à quatre minutes, je l'ai vu jouer dans l'eau, faire au moins 600 pieds [185 m] vers le village, revenir devant nous, ça s'est retourné à nouveau, a replongé et est revenu à la surface...

C'était brun-noir, quand ça se retournait de bord, on pouvait voir que c'était de la chair, que c'était quelque chose de vivant! On sait qu'il faut faire attention, parce qu'il y a plein de phénomènes qui peuvent porter à confusion, des vagues de bateau qui se rencontrent, des billots qui remontent du fond, des décompositions de matière organique dans le fond qui peuvent provoquer une vague de fond. Je sais qu'il y a plein de choses comme ça qui peuvent se produire. J'ai pu observer déjà des choses de cette nature-là parce que j'ai passé une grande partie de ma vie sur le lac quand j'étais animateur à Pohénégamook Santé Plein Air et que j'y faisais des activités nautiques. Je dirais même que j'ai toujours eu un œil critique et sceptique.

Mais là, ce que j'ai vu, c'est clair, c'était le dos d'un gros poisson, d'un très, très gros poisson! Mais comment il fait pour survivre, pour se reproduire, ça c'est un autre problème!

J'ai vu ça une fois dans ma vie, je l'oublierai jamais![35] »

« Il a nagé à nos côtés »

Le maire de Pohénégamook, Guy Leblanc, qui est aussi le douanier du poste frontalier du village, est convaincu de l'existence d'une bête énorme dans son lac, depuis qu'il l'a vue de très près en juillet 1990 alors qu'il faisait faire un tour de ponton à une douzaine de personnes. À vrai dire, ils ont même vogué côte à côte, la bête et eux!

 « On a eu le temps de bien voir son dos recouvert d'écailles [...] »

Guy Leblanc

« C'était énorme. Un gros poisson vraiment énorme. On était en ponton et il faisait plus que la longueur du bateau, de la tête à la queue. Et mon ponton mesure 26 pieds [8 m]! C'était très impressionnant! Ça faisait plusieurs années que je m'intéressais à cette "Bête du Lac", comme les gens de la ville la surnomment. Plusieurs disaient l'avoir vue et en avaient été bien étonnés. Je me disais que ce pouvait sûrement être de l'ordre du folklore

régional jusqu'à ce que je la rencontre moi-même. Et je n'étais pas seul, je vous le dis, on était 12 ![36] »

Le soir du 30 juillet 1990 restera longtemps gravé dans sa mémoire.

« Il était environ 20 h 30. Le lac était très calme. C'était une belle soirée d'été. On naviguait au bout du lac, près du quartier Saint-Éleuthère. J'ai aperçu tout à coup une grosse vague au loin. C'était anormal. C'était comme un sillon en V que pourrait faire un sous-marin qui remonte lentement à la surface. J'ai décidé de m'approcher pour mieux voir, mais certaines personnes à bord avaient peur. Pour moi, ce n'était qu'un effet étrange, mais je n'y voyais rien d'inquiétant.

Alors, j'ai décidé de diriger mon bateau de façon à être parallèle à ce que je voyais, je croyais encore que ce pouvait être une vague. On était à environ 15 pieds [4,5 m] de la chose. Puis, soudain, on l'a vue comme il faut. Elle nageait tout à coup à côté de nous. Tout près.

C'était une espèce d'énorme poisson. Mais très, très gros ! »

On a eu le temps de bien voir son dos recouvert d'écailles, son aileron et aussi sa queue. C'était très impressionnant! Il a nagé à nos côtés un certain temps, quelques bonnes secondes, puis il a plongé et est disparu.

Cette bête-là devait mesurer au moins 30 pieds [9 m]!

Je vous le dis, elle était plus longue que mon embarcation!

Et aussi large qu'une baleine!

Sur le bateau, on n'entendait pas un mot. Tout le monde était silencieux. Certains avaient carrément peur. On avait tous entendu parler de la Bête du Lac, mais là, on venait de la voir! Et elle était encore plus gigantesque que ce que l'on pouvait imaginer![37] »

La peur de se baigner

Comme vous pouvez le constater, ce ne sont vraiment pas les témoins oculaires qui manquent à Pohénégamook.

Marie Guérette, elle non plus, n'oubliera jamais ce qu'elle a vu au début de l'été 1993, par un beau matin ensoleillé. Comme il est fréquent dans les cas d'observation de ce monstre, le lac était calme comme un miroir. Marie Guérette fut si troublée par ce qu'elle vit qu'elle ne s'est plus rebaignée avant l'été 2008. Et elle avoue l'avoir fait avec bien peu de laisser-aller.

«Cette fois où j'ai enfin décidé de retourner à l'eau, j'étais carrément en panique sur mon matelas pneumatique. C'était beau de me voir! Pourtant, je n'ai pas peur de l'eau d'habitude, même que je nage très bien. Mais je n'étais vraiment pas à l'aise. Je m'exerce entre autres au rameur, ce type d'embarcation fabriqué de façon à ce que l'on fasse dos à l'avant lorsqu'on rame. Bien, j'ai encore beaucoup de mal à en faire, parce que je ne peux pas voir où je vais. Je pense même à me faire installer des miroirs![38]

«J'ai tout le temps peur de foncer droit sur la bête!»

Marie Guérette

Ce que j'ai vu était tellement gros! Je ne l'oublierai jamais! J'étais en voiture face au lac, je venais de partir de la serre où j'étais allée chercher des plantes, quand soudain, je l'ai vue. Elle n'était pas loin de moi, à 300 pieds [90 m] environ, mais c'est quand même un endroit où le lac est assez profond. C'était le dos d'un immense poisson qui sortait au moins de six pieds [1,8 m] de l'eau. Je ne le voyais pas à sa pleine grandeur, c'était bien évident. Il était là, il ne bougeait pas. Il avait l'air de se dorer au soleil. Il est resté immobile comme ça quatre ou cinq bonnes minutes.

On m'avait dit que lorsqu'il faisait chaud, les parasites peuvent descendre et embêter ces gros poissons qui viennent à la surface pour s'en débarrasser. La forme que je voyais était argent, c'était sûrement les écailles qui brillaient au soleil.

C'était... c'était... vraiment impressionnant!

Puis là, je me suis dit, est-ce que je retourne à la serre pour aller chercher des gens? Mais je craignais qu'en partant, la bête s'en aille aussi. J'y suis allée en courant, j'ai ouvert la porte de la serre et j'ai crié: "Venez voir vite, la Bête du Lac est là!" J'étais tout énervée. Quand on est sortis, elle était déjà partie. On pouvait juste voir des ronds dans l'eau, comme ce que peut faire une roche qu'on vient de lancer. C'est comme si elle avait fait un plongeon rapide. Il n'y avait aucune traînée et pas un chat sur le lac. Donc, ce ne pouvait pas être un bateau.

Par contre, j'ai vite appris que ce matin-là, d'autres l'avaient vue en même temps que moi. Comme ça, je n'étais pas seule à l'avoir vue![39] »

Apparitions répétées

De fait, Ponik semble avoir été particulièrement exhibitionniste en 1993. Une autre dame put aussi l'observer une bonne quinzaine de minutes alors qu'elle était sur la berge.

Cette sculpture plutôt amusante de Ponik trône à l'entrée de la base de plein air Pohénégamook Santé Plein Air.

La Bête du Lac avait nagé lentement à quelque 15 mètres d'elle. Marcelle Landry nous donne des détails sur cette apparition qui fut pour elle tout à fait inoubliable.

«J'étais au bord de l'eau, près du pont, quand j'ai vu tout d'un coup un gros, gros remous d'eau. Comme un gros tourbillon. Pourtant, le lac était bien calme, c'était un beau matin d'été. Je l'ai vue [la Bête du Lac] tout d'un coup sortir de l'eau, elle continuait à nager, j'ai bien vu la tête et le dos, c'était tellement gros, certainement aussi long qu'un autobus, je l'ai vue certainement sur toute

 «On a pensé aussi que ça pouvait être un gros serpent d'eau, parce qu'autrefois y a un cirque qui est venu sur la frontière et il paraît qu'ils auraient perdu deux de leurs serpents. On s'est posé des questions, c'est certain. Mais, moi, je pense que c'est toutes des visions, ça. Si y avait eu une bête là, moi, je l'aurais trouvée. »

Hervé Bérubé[41]

sa longueur. Je pense bien que c'est, comme certains disent, ça devait être un gros, gros esturgeon. Quand c'est arrivé, j'ai vite appelé mon gendre pour qu'il vienne filmer ça, mais il n'a pas pu venir, il n'avait pas l'auto. Pourtant, il aurait bien eu le temps. J'ai pu la voir nager une bonne quinzaine de minutes, puis elle est partie en direction de la base de plein air.

Malheureusement, je ne l'ai pas revue depuis. Je surveille autant comme autant... mais non, je l'ai pas encore revue![40]»

500 000 $ pour une photo !

En 1998, la direction de la base de plein air de Pohéné-gamook (aujourd'hui Pohénégamook Santé Plein Air) avait même décidé d'offrir 500 000 $ à quiconque réus-sirait à immortaliser le célèbre monstre en photo cet automne-là. Ce concours s'ajoutait aux multiples activi-tés organisées pour le festival de Pohénégamook, de la mi-septembre à la fin d'octobre. La photo devait être claire, et une firme spécialisée serait mandatée pour en évaluer l'authenticité.

Malheureusement, cette année-là, Ponik ne s'est jamais montrée à la caméra d'aucun riverain.

Ponik immortalisée sur film

> *« Je sais que ce n'était pas un billot de bois,*
> *ça bougeait, ça bougeait vraiment ! »*

Johanne Saint-Pierre[42]

Ce n'est finalement que quelques années plus tard qu'une résidante de Pohénégamook, Johanne Saint-Pierre, allait enfin capter sur pellicule quelque chose de suspect qui s'ébattait à la surface du lac, non loin de chez elle. Elle nous raconte le contexte de cette prise vidéo sur le vif.

« À l'époque, je demeurais au village même, juste en face du lac. C'était le 26 juillet 2001. Les gens de Pohéné-gamook vous le diront, la bête semble toujours sortir dans les mêmes périodes de l'été, pendant une canicule, quand le lac est très calme, et c'est la plupart du temps aux bouts du lac. Je revenais de travailler, il était environ 2 h de l'après-midi, ma caméra était sur la table. C'est mon fils qui l'a vue en premier et qui m'a crié : "Hey ma-man, regarde sur le lac !" J'ai pris ma caméra dans l'idée d'utiliser le zoom pour mieux voir ce que c'était, et c'est ce que j'ai filmé. Des gens ont analysé ma vidéo et ils se

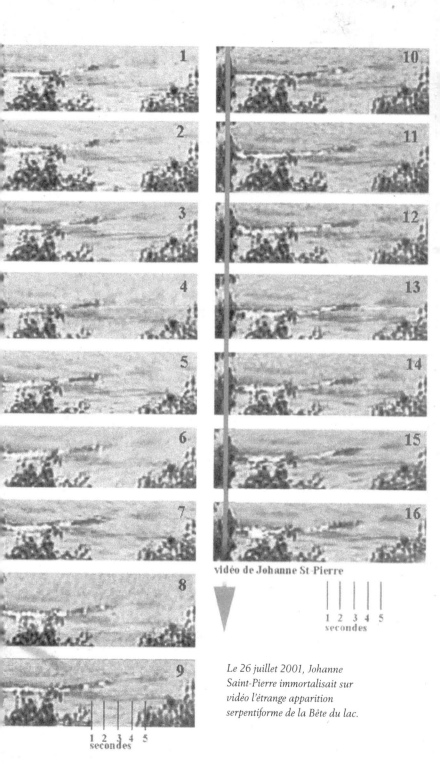

vidéo de Johanne St-Pierre

| | | | | | |
1 2 3 4 5
secondes

| | | | | | |
1 2 3 4 5
secondes

Le 26 juillet 2001, Johanne Saint-Pierre immortalisait sur vidéo l'étrange apparition serpentiforme de la Bête du lac.

sont entendus pour dire que c'était évident qu'il y avait quelque chose de bizarre là et que j'avais pu le filmer![43] »

Sur cette vidéo de Johanne Saint-Pierre, on aperçoit bel et bien une forme sombre et longue au milieu de remous sur le lac.

Mais à son plus grand étonnement, madame Saint-Pierre a eu la chance de revoir Ponik une fois de plus.

« C'était soit ce même été-là soit celui d'après, c'était au mois de septembre. Il était 10 h 30 le matin. Le lac était comme un miroir. Dans ce temps-là, je travaillais dans une auberge à la tête du lac. J'étais à un étage supérieur. Il y avait des gens sur la terrasse en bas. À un moment donné, j'ai vu ça sortir. Là, tout le monde qui était sur la terrasse s'est levé debout en même temps et s'est mis à crier. Moi, j'étais en haut, je ne pouvais pas descendre, j'aurais perdu tout de ce qui se passait. Ce que j'ai vu d'en haut, c'était comme une grosse anguille, c'était énorme, la peau était luisante et noire, ça s'en allait comme un serpent, ça a avancé un peu puis c'est rentré tout doucement dans l'eau. Ça m'a tellement marquée, je pense que j'ai été une semaine à avoir du mal à dormir! J'étais obsédée par ça, je savais que c'était pas une hallucination, j'étais pas toute seule qui l'avait vue[44]. »

« On l'a BIEN vue ! »

Le 26 août 2006, par une belle journée ensoleillée en plein après-midi, Ponik est venue surprendre une vingtaine de touristes assis confortablement sur la terrasse de l'auberge La Villa des Frontières, en bordure du lac.

« Hé Éric, fais venir ton monstre, on est venus pour cela ! » ont lancé, amusés, quatre clients américains à Éric Tardif, le propriétaire de l'auberge.

« Pour cela, il vous faut prendre deux ou trois cognacs, ça va vous aider », a-t-il répondu en riant à ces gens qui, depuis quelques années, venaient régulièrement séjourner à son auberge dans l'espoir, entre autres, d'apercevoir le monstre. Mais tout à coup, l'un d'eux, qui regardait nonchalamment le lac, s'est écrié avec fébrilité : « Éric, j'ai juste bu deux gorgées de cognac et je vois quelque chose de bien étrange sur ton lac. »

Monsieur Tardif nous décrit le contexte.

« De mon côté, j'étais bien sceptique. Depuis les quelques années que je suis installé ici que l'on me dit qu'il

Vue sur le lac, à partir de la terrasse de l'auberge La Villa des Frontières. Le site est parfait pour voir apparaître Ponik, surtout quand l'eau du lac est aussi calme.

y a de quoi de bizarre dans le lac, mais moi, j'attendais vraiment de le voir avant d'y croire. Mais voilà que mon Américain se met à crier encore plus fort: "Hey look at that, just there!"

C'était une journée où il y avait quand même de la bonne vague et, comme on est au bout du lac, la vague vient vers la rive. Mais là, on voyait une vague bien plus grosse que les autres, ça faisait des sillons de chaque côté, comme un devant de chaloupe qui avançait. En plus, la vague montait et redescendait. Tout le monde a arrêté de respirer, on regardait tous la scène sans bouger[45].»

 «Ça faisait 15, 20 pieds [4,5 à 6 m] de long et on ne voyait ni la tête ni la queue! Imaginez!»

Éric Tardif

«Tout d'un coup, la chose s'est arrêtée face à la rive, puis est repartie vers l'autre bord. Un morceau de bois, ça lève et ça cale, mais ça se retourne pas de bord pour avancer dans une autre direction! On a continué à regarder ça aller, puis à une trentaine de pieds [9 m] en avant du quai, elle est entrée dans l'eau et elle a disparu. On était une vingtaine de personnes, on a tous vu la même chose, y avait quelque chose, c'est certain! Là, on parlait pas personne, puis tout d'un coup y en a un qui a dit: "Hé! On l'a vue!" Ponik existe, maintenant j'en suis certain. Le maire Guy Leblanc était bien content de savoir qu'on l'avait vue. "Pis, tu me crois-tu maintenant?" qu'il m'a dit quelques jours après. Je lui ai répondu: "J'ai jamais dit que je te croyais pas, disons que j'étais juste un peu sceptique, mais là, je peux dire que je l'ai vue!"[46]»

De 2000 à 2006, la base de plein air a organisé une activité au cours de laquelle des jeunes devaient aller récupérer de vieilles souches dans la forêt pour concevoir une réplique de Ponik sur la plage. À la nuit tombée, on allumait un feu à l'intérieur de la souche de manière à ce que le feu s'expulse par une sorte de cheminée – la bouche du monstre – et on célébrait ainsi la légende du monstre.

Ponik pourrait-elle n'être que des troncs d'arbres qui remontent à la surface? Selon certains spécialistes, il est possible que des billots de bois morts pouvant atteindre jusqu'à 15 mètres se remplissent d'eau et s'enfoncent debout dans le fond de l'eau pour y demeurer des jours, voire des années. Tôt ou tard, une partie de l'un de ces billots pourris peut parfois se détacher par la pression de courants sous-marins et remonter à la surface en faisant un violent clapotis, en roulant sur elle-même durant quelques secondes, avant de recaler.

Autre hypothèse, la célèbre Ponik pourrait aussi être un gigantesque esturgeon noir, descendant des esturgeons du curé de Saint-Eleuthère.

Les esturgeons peuvent atteindre une taille colossale, comme on peut le voir sur la photo ci-contre, et atteindre l'âge vénérable d'une centaine d'années. L'esturgeon noir quitte habituellement le Saint-Laurent ou la mer pour remonter les rivières d'eau douce en temps de frai, puis retourne vivre en eau salée. Cette espèce imposante d'esturgeon se rencontre dans le golfe du Saint-Laurent, près des côtes de la

Gaspésie et de la baie des Chaleurs, ainsi que dans le fleuve Saint-Laurent jusqu'à Trois-Rivières, se faufilant dans les rivières qui coulent parfois très haut dans les terres. Par temps chaud, ces poissons impressionnants viennent à l'occasion à la surface pour s'amuser dans l'eau. Il leur arrive même de sauter hors de l'eau pour se débarrasser des parasites qui leur collent à la peau. Ils peuvent aussi venir à la surface quelques instants afin de rééquilibrer leur flottabilité.

Cet esturgeon âgé de 80 ans, long de 3,3 m et pesant 408 kg a été retrouvé mort en 1987 sur la rive du lac Washington, près de Seattle. C'est à ce jour le plus gros esturgeon jamais pêché.

CHAMP, LE MONSTRE LE PLUS MYSTÉRIEUX

———— ⋅∞⋅ ————

Taille estimée : de 2 m de cou à 55 m de longueur totale
Lac : Champlain
Dimensions : 180 km sur 19 km
Profondeur maximale : 121 m
Région : À cheval sur la frontière des États-Unis
et du Canada, mouillant les États de New York,
du Vermont et une petite partie du Québec
Principales municipalités avoisinantes : Port Henry,
Burlington, Essex, Plattsburgh, Venise-en-Québec

———— ⋅∞⋅ ————

« Les Iroquois et les Algonquins m'avaient parlé
d'un serpent géant de 20 pieds de long. »
Samuel de Champlain, journal de bord, juillet 1609

Ce ne sont pas les témoignages qui manquent sur le monstre du lac Champlain. Si bien qu'à l'entrée de la petite ville de Port Henry, un panneau énumère les noms des témoins de ce phénomène étrange.

Et le premier tout en haut de la liste est nul autre que... Samuel de Champlain !

Ce panneau situé à l'entrée de la petite ville de Port Henry énumère les noms des témoins de phénomènes étranges au lac Champlain. Remarquez le premier nom tout en haut de la liste. Et oui! C'est bien le sieur Samuel de Champlain lui-même!

En juillet 1609, le grand explorateur français décrivait ainsi dans son journal de bord ce qu'il avait découvert.

«On trouve ici une très grande variété d'espèces de poissons. Les Iroquois et les Algonquins m'avaient parlé d'un serpent géant de 20 pieds [6 m] de long qu'ils appelaient Chaousarou, avec une tête de cheval cornue et le corps large comme un tonneau. J'ai aujourd'hui aperçu quelque chose de 5 pieds [1,5 m] de long de la grosseur de ma cuisse avec une tête grosse comme mes deux poings réunis avec un long museau de 2 pieds [0,6 m] de long et des mâchoires aux dents acérées. Sa peau recouverte d'écailles grises semblait très épaisse[47].»

Mille descriptions

Il faut souligner que, depuis la fin du XIXe siècle, le monstre du lac Champlain a été observé plus de 300 fois. On a en fait de multiples descriptions : peau comme un concombre, masse noirâtre et luisante, tête de cheval sans oreilles, long cou, multi-bosses, très, très long serpent, couvert de grosses verrues par endroits, avec des petites cornes...

Plus précisément en 1819, des ouvriers d'un chantier de chemin de fer ont déclaré avoir vu une énorme tête de cheval hors de l'eau qui s'est approchée de la rive où ils étaient, pour soudain disparaître tout aussi vite dans les eaux sombres du lac. À trois reprises entre 1870 et 1873, les passagers d'un bateau à vapeur se sont inquiétés de voir nager tout près de leur navire une inquiétante créature au long cou.

Apparition étrange saisie sur le vif par Benjamin Radford, auteur du livre Lake Monster Mysteries.

En 1880, l'Américain Phineas Taylor Barnum, entrepreneur en spectacles, a offert la somme de 50 000 $ à quiconque capturerait ce monstre mystérieux, mort ou vif. Les chasseurs et les pêcheurs ont bien essayé, mais sans succès. Des pêcheurs ont même raconté avoir tué un gigantesque serpent, mais prétextèrent l'avoir perdu dans les eaux opaques du lac. Était-ce dans l'espoir d'avoir la prime ? En tout cas, comme ils n'avaient pas de preuve tangible, ils ne touchèrent pas un sou !

« La » photo de Champ

Chaque fois que Champ réapparaît, c'est l'onde de choc. Il ébranle les convictions et suscite une foule d'interrogations. Et il se montre assez souvent pour créer bien des réflexions chez les riverains du lac Champlain. Sandra Mansi en sait quelque chose.

Le mois de juillet 1977 demeure gravé à jamais dans sa mémoire. Ce fut une apparition exceptionnelle, en conclut-on encore. Sandra Mansi et son mari Tony pique-niquaient au bord du lac avec leurs enfants quand une forme très étrange émergea non loin du lieu où ils étaient, s'étirant le cou hors de l'eau sous leurs yeux. L'instant d'émoi passé, le mari courut chercher l'appareil photo pendant que la mère exigeait des enfants qu'ils sortent vite de l'eau. Madame Mansi saisit la scène avec son appareil photo, image qui allait devenir l'une des preuves les plus troublantes de l'existence d'un monstre indescriptible dans ce lac immense. Un animal à la peau noire et luisante, au long cou, venait de se montrer soudainement, et ils en avaient la preuve photographique.

La célèbre photo de Sandra Mansi a depuis fait le tour du monde et elle vaut encore et toujours une petite fortune.

En juillet 1977, Sandra Mansi allait prendre cette célèbre photo qui a fait le tour du monde. À ce jour, personne n'a pu prouver que cette photo était un canular comme ce fut le cas pour la célèbre photo du monstre du loch Ness.

Elle fut même publiée dans le très sérieux *New York Times* avec un article sur l'existence de cet animal louche et inquiétant. Après de multiples analyses faites notamment par des spécialistes d'institutions scientifiques reconnues comme le Smithsonian Institution et le College of Optical Sciences de l'université de l'Arizona, on aurait même confirmé l'authenticité de la photo. Les théories ont fusé et fusent encore de toutes parts. Champ serait-il un descendant des plésiosaures qui aurait vécu des mutations au cours des siècles après avoir survécu à la glaciation ? Sinon, serait-ce un zeuglodonte, sorte de baleine primitive d'apparence similaire au plésiosaure ? Ces bêtes longues de plus de 20 m auraient-elles pu survivre aux derniers 25 millions d'années ?

 Une immense créature étrange à cinq bosses voguait vers eux...

Une chose est sûre, une apparition spectaculaire, en 1984, allait alimenter encore plus la légende. Un certain jour d'été, 86 passagers prenaient part à une croisière qui se voulait au départ bien paisible. Mais le divertissement coupa court quand ils virent tous, estomaqués, une immense créature étrange à cinq bosses qui voguait vers eux et qui disparut rapidement quand leur bateau s'en approcha de trop près. Tous en furent quittes pour une bien bonne frousse !

L'apparition grandiose de 1994

En juillet 1994, Champ allait de nouveau refaire surface, cette fois-ci sous les yeux ahuris d'un certain Dennis Hall, qui capta sur pellicule le spectaculaire passage du monstre à la surface du lac. Il est vrai que, depuis des années, l'homme était à la fois un passionné de Champ et son traqueur le plus invétéré. Il avait déjà trouvé dans les années 1970 un reptile plutôt bizarre d'une trentaine de centimètres pour lequel les scientifiques de l'université du Vermont n'avaient jamais pu trouver d'équivalent dans leur catalogue.

Quelque temps après, Hall allait tomber sur l'image d'un animal ressemblant étrangement à la bête qu'il avait trouvée et qui avait bizarrement disparu du centre de recherche. C'était un *Tanystropheus*, animal aquatique qui vécut il y a de cela... plus de 200 millions d'années !

Les arrêts sur image tirées de l'apparition filmée par Hall en juillet 1994 demeurent encore bien troublantes de réalisme. Aurait-il vu un véritable *Tanystropheus* adulte ? On aperçoit clairement le long dos de l'animal à la surface de l'eau, son corps serpentiforme qui glisse doucement, puis replonge ensuite pour laisser derrière lui un long sillage en V bien marqué.

Champ émet des ondes inconnues

Par ailleurs, ces dernières années, une nouvelle preuve intéressante de l'existence de cet animal insolite n'est ni une photo ni une vidéo, mais bien un enregistrement sonore de sa «voix». Il a été produit par le Fauna Communications Research Institute, qui étudie notamment les moyens de communication des animaux. Des spécialistes de l'entreprise ont passé huit jours, du 2 au 10 juin 2003, à tenter de capter la voix de Champ. Le résultat est extrêmement curieux.

Pour leur recherche dans le lac Champlain, l'équipe du Fauna Communications Research Institute a employé du

Autrefois, la mer…

Saviez-vous qu'autrefois le lac Champlain était une mer? À vrai dire, il y a 300 millions d'années, le Vermont était entièrement recouvert d'eau salée. Le lac Champlain abrite encore aujourd'hui le récif de corail le plus ancien du monde, le récif de Chazan, qui se serait formé pendant la période ordovicienne, il y a plus de 480 millions d'années. Des fossiles d'invertébrés aquatiques retrouvés dans la vallée du lac Champlain en sont des preuves scientifiques. Ce qui veut dire qu'ont vécu là autrefois des mollusques, des pieuvres, des phoques et même des baleines. Il y a environ 10 000 ans, la vallée du lac Champlain s'est surélevée au-dessus du niveau de la mer et l'eau a été drainée vers le fleuve Saint-Laurent. Le lac Champlain cache donc tout un passé de grandes bêtes aquatiques.

Preuve tangible que le lac Champlain fut autrefois une mer, ces coquillages fossiles furent retrouvés dans la région des collines d'Oka à 97 m d'altitude. Ces spécimens de l'espèce littorale Mya arenaria ont été datés de 10 050 ans.

matériel de haute technologie : quatre ordinateurs avec des logiciels d'analyse sonore de pointe, des magnétophones numériques, des GPS, des amplificateurs, des vecteurs sensoriels qui mesurent la densité des vibrations, deux hydrophones ainsi que des microphones sous-marins. Ils avaient décidé de ne pas utiliser de sonar afin de ne pas émettre des sons qui pourraient effrayer toute forme de vie aquatique possible. Les instruments de mesure étaient si sensibles qu'ils pouvaient capter le bruit des poissons s'alimentant, le mouvement des écrevisses sur le fond du lac et, bien sûr, le bruit des moteurs de bateaux. Même la musique à bord des bateaux et le bruit des lignes à pêche jetées à l'eau à 150 m pouvaient être perçus !

Voici un survol du résultat de leurs recherches dans le lac Champlain.

Afin de se diriger et de trouver leur nourriture, les dauphins et les baleines s'orientent par écholocation. L'animal émet un son de très haute fréquence qui rebondit sur les objets autour de lui et lui permet de les reconnaître ou de savoir leur position. Les ondes d'écholocation émises habituellement par ces mammifères marins varient de 250 à 220 000 Hz (cycles par seconde, mesurés en hertz). L'oreille humaine peut entendre des sons allant jusqu'à 20 000 Hz.

Et voilà où cela devient intéressant.

Pendant leur séjour sur le lac Champlain, l'équipe du Fauna Communications Research Institute a capté des ondes d'écholocation atteignant 140 000 Hz, similaires à celles que peut émettre un béluga, par exemple. Plus surprenant encore, ils n'ont pas été en mesure d'identifier quel animal aurait pu émettre de telles ondes. Bien que l'équipe de scientifiques se soit abstenue de conclure qu'il existe bien un monstre dans le lac Champlain, elle en est tout de même venue à déclarer que quelque chose nage dans ce plan d'eau qu'elle n'a pas encore pu identifier à ce jour.

Une vidéo de Champ à la une des nouvelles

«Je suis 100 % certain de ce que j'ai vu. Je ne suis pas 100 % certain de ce que c'était!»

C'est ainsi que le pêcheur Peter Bodette a décrit l'expérience qu'il a vécue par une chaude journée de l'été 2005. Dick Affolter, l'autre pêcheur qui l'accompagnait, a renchéri: «Ça ne ressemblait en rien à quelque chose que j'ai déjà vu![48]»

Les deux hommes ont eu le temps de filmer la créature impressionnante qu'ils ont aperçue. L'exceptionnelle vidéo qui vaut aujourd'hui son pesant d'or a été diffusée aux heures de grande écoute aux nouvelles du réseau américain ABC (disponible sur le site Internet Youtube au lien «Champ on ABC»). Avant de la présenter, ABC l'a d'abord fait analyser par deux retraités du FBI qui ont conclu que la vidéo semblait bien ne pas avoir été modifiée ou trafiquée de quelque façon que ce soit. Ce qu'on y voit a suscité beaucoup de réactions. Ce qui apparaît d'abord comme quelques frissons à la surface de l'eau se transmute ensuite en une forme sombre qui s'approche du bateau jusqu'à venir le frôler.

Malgré son aspect flou, ce que révèle l'image est fort inquiétant. On y perçoit quelque chose qui pourrait s'apparenter à de larges nageoires bougeant sous l'eau derrière un corps arrondi. Puis, la bête mystérieuse disparaît sous le bateau. Les deux pêcheurs ont pris beaucoup de temps pour se remettre de leurs émotions. Longtemps sceptiques à l'idée qu'un monstre puisse habiter les eaux du grand lac où ils aimaient aller pêcher, Peter Bodette et Dick Affolter sont maintenant totalement convaincus qu'il y a sous l'eau une bête hors du commun avec laquelle ils n'ont vraiment pas envie d'aller nager!

Des scientifiques apportaient récemment une nouvelle donnée intéressante au sujet du plésiosaure et du fait que l'on décrive souvent l'animal du lac Champlain avec la tête sortie hors de l'eau au bout de son long cou. À la suite d'observations de fossiles, certains experts en sont venus à la conclusion que le plésiosaure possédait un cou de près de 2 m, ce qui équivalait à la longueur totale de son corps et de sa queue. Or, si le plésiosaure se servait de ce long cou pour trouver aisément sa nourriture dans les fonds marins, il n'avait vraisemblablement pas la capacité de soulever la tête hors de l'eau, car l'ossature de son cou ne le permettait carrément pas[49].

Par ailleurs, la bête aperçue par les deux pêcheurs sur le lac pourrait aussi bien être une représentante exceptionnelle de la tortue-molle à épines ou de la tortue serpentine. Par contre, il y a tout de même un problème de taille, si l'on peut s'exprimer ainsi: la longueur moyenne de la carapace de ces tortues ne dépasse pas les 35 à 45 cm! On aurait donc affaire ici à un spécimen plus que gigantesque[50]!

Une tortue serpentine nageant à fleur d'eau.

LE MONSTRE
DU LAC AYLMER

Taille estimée : entre 3 et 7 m
Lac : Aylmer
Dimensions : 21 km sur 5,8 km
Profondeur maximale : 37 m
Région : Cantons-de-l'Est, à la frontière
de Chaudière-Appalaches
Principales municipalités avoisinantes :
Disraeli, Beaulac-Garthby, Stratford

Le 19 juillet 1905, cinq personnes se noyaient en face de la baie de Ward, dans le secteur le plus profond du lac Aylmer. Deux de leurs compagnons, Charles et Raoul Codère, avaient pu regagner la rive. Une semaine plus tard, un cultivateur retrouvait trois chapeaux, une canne et une rame appartenant aux victimes. Le corps de Wilfrid Massé fut retrouvé le 12 août, celui d'Hector Codère, le 13, et celui de Damase Massé, le 18. Les dépouilles de l'abbé Gignac et d'Eugène Codère ne furent jamais retrouvées.

Une croix fut érigée sur la falaise en face de la baie en commémoration des disparus.

On peut y lire :

D.O.M.[51]
À la mémoire de
J.A.H. Gignac, ptre
J.C.D.[52]
curé de Sherbrooke
Hector Codère, Eccl.
Damase Massé
Wilfrid Massé
Eug. Codère
R.I.P.[53]
19 juillet 1905

Longtemps après, on a imaginé que leur disparition avait pu être l'œuvre du terrible monstre du lac Aylmer...

Les premières manifestations

Les apparitions d'une étrange créature dans le lac Aylmer auraient commencé dans les années 1940-1945, au temps de la drave.

Au temps de la drave, sur la rivière Saint-François qui coule entre le lac Saint-François et le lac Aylmer.

Polycarpe Létourneau, alors capitaine de bateau sur le lac, a observé la bête énigmatique une première fois en ce temps-là, en face du village de Garthby, par un calme matin du mois de juin. Vers les 3 h 30, monsieur Létourneau a aperçu une «espèce de gros billot qui flottait à moins d'un mètre devant sa chaloupe[54]». Il a saisi sa perche afin de déplacer la pièce de bois qui gênait son passage quand, au moment où il a touché l'objet, celui-ci s'est mis à se déplacer de façon autonome. «Si ça avait été un billot, j'aurais eu du temps en masse pour le tasser, mais non, y est vraiment parti de lui-même[55]», a-t-il précisé.

 «Chu pas sûr c'tait quoi, mais j'sais que c'tait d'quoi!»

Polycarpe Létourneau[57]

«La drôle de forme avait au moins dix pieds [3 m] de long, elle flottait sur l'eau avec les deux extrémités qui n'apparaissaient pas[56].» Pour Polycarpe Létourneau, il allait de soi que cette vieille légende n'était pas près de mourir... Il avait vu la bête et n'allait jamais oublier ce moment troublant.

Autre témoin oculaire important de l'époque, Paul-Émile Grenier en a lui aussi long à raconter[58]. Intrigué par le phénomène, ce résidant de Garthby, ancien inspecteur municipal, s'était plongé dans une brochure «faite par un ministère à Ottawa» intitulée *Poissons du Québec*. On y décrivait notamment les esturgeons: l'esturgeon de mer (aussi appelé esturgeon noir) a un dos épineux, et l'esturgeon de lac (aussi appelé esturgeon jaune) est d'une couleur brun olive variant jusqu'au gris. Selon monsieur Grenier, la gigantesque bête que les gens de son village semblaient avoir aperçue pouvait être un esturgeon de

mer, avec ses 2,5 à 3 m, mais pas un esturgeon de lac, qui ne fait pas plus de 1,5 m.

Mais l'existence d'un esturgeon aux proportions gigantesques dans le lac se résume en une seule question : un esturgeon de mer peut-il survivre en rivière, vivre plus de 100 ans et dépasser les 7 m? Monsieur Grenier a son avis là-dessus. «D'après moi, c'était ben plus gros qu'un esturgeon de mer, si on se fie aux dimensions de la bête que les gens disent avoir vue[59].»

Une peur bleue

Il va sans dire que peu importe de quoi il s'agit, ce fameux monstre en est certainement un de taille, car plusieurs pêcheurs effrayés ont vu leurs lignes se casser sous l'impressionnante tension d'un spécimen trop vigoureux. Les gens du village appelaient souvent monsieur Grenier à la tombée du jour, affirmant avoir vu et revu encore le monstre se pavaner dans les eaux calmes sous leurs yeux ahuris. Il les écoutait sagement et espérait qu'un jour ce serait aussi son tour.

Puis vint un soir d'été, vers la fin des années 1950, où l'homme put enfin apercevoir lui-même l'animal, de surcroît à trois reprises, en différents points dans la baie devant le village de Garthby. «Le lac était d'un calme plat, il était facile à voir. Et je le voyais enfin![60]»

L'homme muni d'un fusil se trouvait à l'un de ces moments-là dans son canot.

«Il était difficile à viser, parce qu'il nageait très vite. J'ai bien vu son dos, il était recouvert de pointes comme un esturgeon, mais je n'ai pas vu sa tête. Mais il était gros, tellement gros. Il devait mesurer au moins six pieds [1,8 m] en tout, queue comprise. J'ai tiré quand il était à 600 pieds [180 m] de moi. Je dois bien l'avoir attrapé, parce qu'après ça, personne ne l'a jamais revu, les gens du lac pouvaient enfin vivre en paix![61]»

Une réapparition quelques années plus tard

C'était un beau matin de l'été 1962, vers les 5 heures. Jocelyne Gagnon avait tout juste 10 ans.

«Mon amie et moi, nous nous étions levées pour chauffer le camp dans lequel on dormait en face de l'île des Draveurs. Le lac était calme et brumeux. Ça lui donnait un air mystérieux. Tout à coup, on a vu une forme qui plongeait, puis ressortait de l'eau. Elle mesurait certainement de 10 à 12 pieds [3 à 3,5 m] et elle était de couleur noire. C'était impressionnant!

Une autre fois, au printemps cette fois-ci, j'étais au bord de la berge et j'attendais mon père qui revenait de la pêche en chaloupe avec deux de ses amis. Devant leur embarcation, de petites formes noires plongeaient et réapparaissaient. Je me demandais bien ce que c'était. À leur arrivée, ils en ont déduit, même s'ils n'en étaient pas certains, que ce qu'ils avaient aperçu ne devait être que des loutres. Selon eux, ces petites bêtes ne devaient donc pas susciter de crainte chez les riverains.

Pourtant, malgré cela, plusieurs d'entre nous avons continué de craindre de s'aventurer sur le lac. Quand même, il y avait une bien grande différence entre ces petites loutres et la grosse masse sombre qu'on avait aperçue auparavant[62].»

 Saviez-vous que selon la Loi sur les espèces en péril, il est non seulement interdit de tuer, blesser, harceler, capturer ou pêcher des espèces en péril ou des espèces inconnues, mais qu'il est également illégal d'endommager ou de détruire leurs habitats essentiels?[63]

De fait, les ouï-dire sur le monstre ont continué d'aller bon train dans les villages environnants. On racontait même à qui voulait l'entendre qu'un pêcheur s'était fait arracher son masque par une bête des profondeurs et qu'il avait eu la peur de sa vie!

« C'est pas des farces ! »

Au milieu des années 1960, les témoignages continuent d'affluer. Ancien propriétaire du club social Montmartre de Garthby, René Laroche affirme avoir vu un gros poisson d'environ 12 pieds [3,6 m] de long vers 1963-1964.

 « Aujourd'hui, les jeunes en parlent en farce, mais je vous dis, dans mon temps, c'était pas des farces ! »

René Laroche

« Il ne sortait pas de l'eau, il faisait plutôt des sillons en se déplaçant, comme une chaloupe à rames. Il me semble qu'il sortait même des jets d'eau du dessus de sa tête. On n'était pas loin, pas plus qu'à 2000 pieds [600 m] de cette drôle de créature[64]. »

Son frère qui était aussi présent à cette apparition la décrivait également avec des ailerons d'environ six pouces [15 cm] bien visibles sur le dos.

« Je me souviens aussi qu'un plongeur de Victoriaville était venu plonger en face de la croix dans ce temps-là. Il était ressorti apeuré en disant qu'il avait vu des poissons plus gros que des hommes dans le lac ! Il paraît que des anciens draveurs auraient même déjà trouvé des carcasses de poissons de six à huit pieds [1,8 à 2,4 m].

On dit aussi qu'il y en a qui ont déjà pêché un énorme esturgeon entre Saint-Gérard et Garthby. Aujourd'hui, les jeunes en parlent en farce, mais je vous dis, dans mon temps, c'était pas des farces ![65] »

Un autre plongeur, Georges-Henri Gagnon, y va de son témoignage tout aussi coloré.

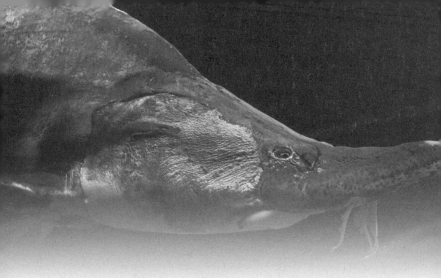

«J'ai bien vu des trous de deux pieds [0,6 m] dans des filets de pêcheur. Ils ne pouvaient pas avoir été causés par une pitoune [billot de bois] ou par la morsure d'un brochet, les trous étaient bien trop gros pour ça. Je me souviens d'avoir vu une autre chose plus étrange encore en 1965 à peu près. Ça ressemblait à un rat musqué ou à une loutre, mais le triangle d'eau qui se dessinait derrière la bête était bien plus gros que celui qu'aurait pu faire l'une ou l'autre de ces bêtes. Même mon oncle Raoul avait aperçu quelque chose dans le même style juste en face du Montmartre[66].»

Vingt personnes l'aperçoivent

Le 25 juin 1963, le journaliste Jacques Gagnon relatait également un événement inexplicable dans *La Tribune*, important journal quotidien de Sherbrooke. Voici les faits. Debout sur la berge du lac Aylmer, une vingtaine de personnes avaient observé une étrange créature durant cinq bonnes minutes alors que cette dernière fendait l'eau à moins de 400 pieds (120 m) de la rive, parcourant à une vitesse folle la distance entre le quai fédéral et la pointe du chenal. Leurs affirmations tendaient toutes vers la même description. «La bête mesurait certainement 20 pieds [6 m] de longueur et elle déplaçait à peu près la même quantité d'eau qu'une chaloupe Verchères». Mentionnons que la chaloupe Verchères est cette fameuse grande chaloupe, à fond plat, arrière plat et quille, que les pêcheurs ou les plaisanciers utilisent beaucoup sur les lacs.

Alors, qu'en penser? Quel animal sournois pourrait bien habiter ce genre de lac au fond vaseux et à l'eau opaque?

Selon les spécialistes, un lac avec de telles caractéristiques procurerait un habitat de prédilection aux poissons des profondeurs qui se nourrissent de vers, de mollusques, d'œufs de poissons nichés dans l'accumulation de sédiments ou d'algues enracinées dans la vase. Si l'on se fie aux témoignages d'hier et d'aujourd'hui, les eaux obscures du lac Aylmer pourraient bel et bien être encore hantées par un tel animal gigantesque, qui pourrait s'abriter dans une sinistre grotte sous-marine et se nourrir dans les sombres profondeurs pour mieux surgir quand bon lui semble... sous nos yeux ahuris!

Sombres profondeurs

Autre témoin clé, Jocelyn Gagnon plongeait dans les lacs québécois depuis 1968. Il a décrit ainsi le lac Aylmer[67], où il plongeait régulièrement.

L'île des Draveurs se trouve en plein milieu du lac Aylmer. C'est souvent dans ses environs que se sont produites les étranges manifestations.

« [...] ils ne voient les objets et les poissons qu'à la dernière minute parce que l'eau est beaucoup trop sombre. »

Jocelyn Gagnon

«Dès que l'on atteint des profondeurs de 10 à 20 pieds [3 à 6 m], une lampe est absolument nécessaire pour voir dans ce lac. L'eau est trouble, très noire, et le fond boueux. La cuvette du lac, surtout dans la section du chenal, est en grande partie recouverte d'une multitude de morceaux de bois morts entrecroisés et superposés (de bien belles cachettes pour les poissons) et de gros billots qui ont coulé là à l'époque de la drave.»

Au printemps, il peut arriver que certains de ces billots remontent soudainement à la surface par grands coups d'eau. Ça peut donner une vision assez étrange. Pire encore, sous l'eau, les plongeurs ressentent toujours une peur latente, car ils ne voient les objets et les poissons qu'à la

dernière minute parce que l'eau est beaucoup trop sombre. C'est toujours inquiétant et notre imagination peut nous jouer des tours. On sait aussi que le lac Aylmer compte au moins deux fosses importantes, l'une de 90 pieds [27 m] et l'autre de plus de 100 pieds [30 m]. »

N'est-ce pas là des niches parfaites pour de grosses bêtes des profondeurs ?

Bien qu'il ait ainsi tenté de trouver le plus d'explications rationnelles possibles à l'existence du monstre dans son lac, Jocelyn Gagnon lui vouait une grande admiration quand il était adolescent. Il enviait les gens de son entourage d'avoir pu l'observer. Son oncle disait l'avoir vu un jour par temps calme près de Garthby, son père l'avait aperçu en chaloupe un soir brumeux – tout le monde autour de lui avait son petit mot à dire sur cette bête inaccessible. Et puis, il y avait ces pêcheurs qui prétendaient avoir remonté certains de leurs filets percés de trous démesurés. Si Jocelyn Gagnon continuait de chercher des fondements logiques à toutes ces histoires, il espérait aussi, en son for intérieur, voir enfin cet être

singulier qui faisait tant parler de lui et qui en effrayait plus d'un. Puis, enfin, il l'a vu!

«C'était vers 1964. Nous étions au chalet en face de l'île des Draveurs. Il était 5 ou 6 heures du matin. J'ai remarqué tout d'un coup trois à cinq grandes formes qui montaient à la surface et replongeaient aussitôt. Chaque forme mesurait au moins 12 à 15 pieds [3,5 à 4,5 m] et émergeait d'au moins 1 pied [0,3 m] à la surface de l'eau.

Je crois que ces immenses poissons étaient de couleur noire, mais à cause de la distance, c'était difficile de les discerner clairement. Ils suivaient le chenal près d'un chapelet d'îles sur le lac. Je ne peux l'affirmer parfaitement, mais je pense qu'il s'agissait peut-être de gigantesques esturgeons. De très, très gros esturgeons![68]»

Des années plus tard

Plusieurs années ont ensuite passé sans que la bête ne se pointe le bout du nez. On croyait de plus en plus qu'elle était morte, et les craintes de la rencontrer se sont dissipées peu à peu.

Puis, voilà soudain qu'en 1991 la légende refaisait surface. Ce jour-là, le lac était très calme et la journée superbe. Un groupe allait de nouveau observer une immense forme noirâtre se déplaçant très rapidement à la surface de l'eau dans la baie de Moose[69]. La bête venait donc nourrir à nouveau les discussions au coin du feu. Elle n'avait pas dit son dernier mot.

Ce très gros hameçon trouvé par Mario Lavoie dans le lac Aylmer mesurait 19 cm de longueur et 3 cm de largeur.

Jacques Poulin, propriétaire du restaurant Car Lasso, à Disraeli, a renchéri sur le propos de ces observateurs de la baie de Moose. Le restaurateur se souvient avoir remarqué un jour quelque chose de gros et d'intrigant dans le lac en face de chez lui, entre Garthby et Disraeli.

«C'était dans les environs de 1993-1994, j'étais dehors, le lac était bien calme, puis j'ai vu quelque chose de 7, 8 pieds [2 à 2,4 m] de long qui avançait dans l'eau, avec une petite tête bien apparente. Ça pouvait ressembler à une personne qui nageait, mais c'était par contre trop gros pour être quelqu'un. Mais je suis certain par contre que c'était pas un monstre.

Ça, c'est toutes des histoires, moi, je suis pas mal certain que ce ne sont que de très gros esturgeons qu'on a dans le lac, tout simplement. Des esturgeons qui sont montés en période de frai dans les rapides de la rivière puis qui sont demeurés par ici ensuite[70].»

Or, une bonne dizaine d'années plus tard, un autre fait allait ranimer le mystère du lac Aylmer. Une photographie allait alimenter une fois de plus les discussions des riverains. Le samedi 15 octobre 2005, Mario Lavoie, résidant de Disraeli, prenait en photo une étrange créature qui se déplaçait à une douzaine de mètres du rivage, juste en face de sa résidence du chemin de Stratford.

Qu'était-ce donc?

Mario Lavoie prit cette étrange photo devant sa résidence le samedi 15 octobre 2005. Peu après, la «chose» finit par plonger dans l'onde.

De nombreuses hypothèses allaient ressurgir. Le monstre insaisissable avait-il décidé de revenir hanter à nouveau les eaux sombres du lac Aylmer après une si longue période d'accalmie ?

« Il est mort de sa belle mort »

Malgré tous ces témoignages, bon nombre de résidants du lac Aylmer croient que le monstre n'aurait tout simplement pas survécu aux années 1960. À l'époque, la mine de Stratford, en activité depuis les années 1950, se déchargeait en partie dans le lac, expliquent-ils.

« Le lit de la rivière était devenu rouge, le nombre de poissons avait diminué de façon dramatique, c'était peut-être à cause de la présence des résidus de la mine dans l'eau. Le monstre, il est sûrement mort dans ce temps-là, à cause de ça ! » en conclut Paul-Émile Grenier[71].

« À l'époque, les riverains avaient eu de la difficulté avec l'eau. Elle n'était pas bonne à boire. Des experts du gouvernement étaient même venus étudier la chose pour corriger le problème[72]. »

Mais alors, si le célèbre monstre est bel et bien mort en ce temps-là, quelle est donc cette bête mystérieuse qui continue de hanter le lac Aylmer depuis tout ce temps ?

Comme nous l'avons déjà expliqué, l'esturgeon noir quitte habituellement le Saint-Laurent ou la mer pour remonter certaines rivières d'eau douce en temps de frai, puis retourne vivre en eau salée. Il est donc possible qu'un esturgeon noir, emprisonné dans un lac, réussisse à survivre.

Quelques représentants de ce grand poisson pourraient-ils avoir remonté la rivière Saint-François pour venir y frayer et être demeurés coincés dans le lac à la suite de la construction des barrages dans les années 1880-90?[73]

Autre hypothèse: le fameux monstre pourrait être en fait un long billot de bois qui se serait coincé au fond de l'eau au temps de la drave et qui, par un mouvement de l'eau – par exemple, le retournement du lac au printemps –, se dirigerait soudain rapidement vers la surface, pour surgir hors de l'eau, flotter un court instant, puis recouler à pic.

Ce premier barrage Aylmer fut construit à Saint-Gérard en 1880 à la sortie du lac Aylmer. Il servait à favoriser la drave sur le lac. Combien de poissons furent faits prisonniers dans ce plan d'eau à cause de telles constructions qui entravaient soudain leurs allées et venues? Mystère!

L'ÉNIGMATIQUE WIPPI REFAIT SURFACE

Taille estimée : environ 3 m
Lac : Massawippi
Dimensions : 14 km sur 1,5 km
Profondeur maximale : 86 m
Région : Cantons-de-l'Est
Principales municipalités avoisinantes : Ayer's Cliff,
North Hatley, Sainte-Catherine-de-Hatley, Hatley

Ces dernières années, Wippi, le monstre du lac Massawippi, s'était fait plutôt discret. Nous entendions parler de sa possible existence, de quelques phénomènes étranges sur le lac ou même de certaines apparitions inquiétantes, mais sans plus. Et voilà que le monstre du lac Massawippi refait surface et provoque une onde de choc dans la région. Wippi est encore en vie !

Le 20 août 2005, un touriste qui séjournait à l'Auberge Ripplecove, à Ayer's Cliff, a même eu la chance d'immortaliser ce qui pourrait bien être ce célèbre et mystérieux habitant du lac Massawippi.

Jeff Stafford, propriétaire de l'Auberge Ripplecove, nous raconte l'événement.

« C'est un touriste québécois qui l'a pris en photo. Ce ne peut pas être un esturgeon, c'est demeuré une bonne

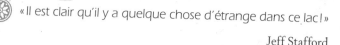
vingtaine de minutes à nager la tête hors de l'eau. Ce n'est pas un comportement de poisson, ça ! Ça mesurait de 8 à 10 pieds [2,4 à 3 m], c'était à environ 30 pieds [9 m] en face du quai. L'homme a dit que ça ressemblait à un gros serpent ou à une grosse anguille qui se déplaçait à la surface. Il est clair qu'il y a quelque chose d'étrange dans ce lac !

Moi-même, quand j'avais 14 ans, j'ai vu quelque chose sortir de l'eau, marcher sur la grève et replonger aussitôt. Puis, en 1998, j'ai aperçu quelque chose qui avançait dans le lac et qui laissait un long sillon de 10, 12 pieds [3 à 3,6 m] derrière lui[74]. »

Il semble bien que quelque chose d'inexpliqué habite le lac Massawippi, et cette créature pourrait bien bouleverser les convictions de ceux qui la rencontrent. C'est le cas de Florent Hébert, guide de pêche depuis 1985, qui passe la majeure partie de son temps sur le lac Massawippi.

Cette photo mettant peut-être en vedette Wippi fut prise par un touriste à partir de la rive de l'auberge Ripplecove.

Un poisson à quatre pattes

Ce que Florent Hébert a vu un certain soir d'été au début des années 1990, ça ne ressemble vraiment pas à l'un de ces gros poissons dont on parle souvent; à vrai dire, ça ne ressemble même pas à un poisson!

 «Tout d'un coup, j'ai vu sortir une drôle de bête de l'eau qui s'est mise à grimper le long du quai!

[...] Elle avait une longue queue et quatre pattes. »

Florent Hébert

«Moi, je peux vous dire que j'ai vu des choses assez bizarres sur ce lac. Un brochet, un gros brochet, je sais ce que c'est!

On a déjà pêché de très gros poissons dans ce lac-là. Il y en a un énorme qui joue avec moi depuis au moins six ans. Il vient proche de mon bateau. Il est déjà allé jusqu'à frôler mon embarcation au point de la faire bouger. Je ne suis jamais capable de l'attraper. Il est très gros et très rusé. Il n'a pas peur de moi, il s'approche sans crainte. Par contre, ce que j'ai vu ce soir-là, c'était  pas un brochet. Ça, j'en suis certain. J'ai eu assez peur! J'étais en train de pêcher au quai fédéral. Il y avait des lumières sur le quai, alors je l'ai bien vu. J'étais assis, un peu éloigné de ma ligne à pêche, quand j'ai vu que quelque chose tirait sur ma ligne. Mais au lieu de tirer vers le lac, ça s'en venait bizarrement vers le quai. Tout d'un coup, j'ai vu sortir une drôle de bête de l'eau qui s'est mise à grimper le long du quai!

Le quai fait au moins 4 pieds [1,2 m] de hauteur. Elle devait avoir au moins 6 pieds [1,8 m] de long. Elle avait une longue queue et quatre pattes. J'avais attrapé cette bête-là avec ma ligne à pêche![75]

Ça ressemblait à un énorme lézard avec une longue queue pointue!

 «Quelque chose comme ça, moi, j'appelle ça un monstre!»

Florent Hébert

C'était de couleur brune, un peu comme une barbotte, avec des moustaches comme ce poisson-là. Pis là, elle était au bout du quai et elle s'en venait vers moi, pas vite, tranquillement comme pourrait marcher une tortue. Mais là, j'ai vraiment eu peur! Je sais pas ce que c'était, mais je savais qu'il fallait que je coupe ma ligne pour que cette bête-là retourne à l'eau au plus vite. J'ai coupé la ligne et je suis parti à courir. Puis, là, je l'ai regardée encore et je l'ai vue tout d'un coup redescendre en s'agrippant encore au ciment du quai. Elle avait des pattes qui s'agrippaient au ciment!

Ça avait pas de bon sens, tout ça!

Puis, quand je me suis rapproché de nouveau, il y avait plein de sang qu'elle avait craché à cause de mon hameçon. C'était rouge vif comme du sang d'un animal ou d'un humain! J'étais vraiment complètement traumatisé!

J'ai tout de suite appelé le maire [de North Hatley] Stephan Doré. C'est certain qu'il ne m'a pas cru. Il m'a tout de suite demandé: "Qu'est-ce que tu buvais?" Mais j'avais juste bu une bière! Pourtant, j'ai bien vu ce qui s'est passé. C'était tellement impressionnant!

C'est clair qu'il y a des espèces bizarres dans ce lac-là. Quelque chose comme ça, moi, j'appelle ça un monstre! Je me souviens d'avoir déjà pêché un énorme poisson à deux têtes, entre autres. Mais ce que j'ai vu ce soir-là, ça n'avait pas de sens!

Il y a dix ans à peu près, j'ai aussi vu nager une énorme bête qui faisait sûrement la longueur de mon bateau. Mon bateau mesure 16 pieds [4,9 m], quand même! J'ai vu des espèces d'énormes poissons qui venaient nager à la surface. Dans le bout de Black Point, on voit aussi des affaires étranges. Je vais parfois camper dans ce coin-là. Le soir, il arrive qu'on entende des bruits d'eau, des clapotis, qu'on voie des vagues bizarres quand le lac est très, très calme.

Il y a quelque chose de pas normal dans l'eau. Je vous le dis, j'en suis certain!»

Il est vrai que, chez les pêcheurs du lac Massawippi, les trophées de pêche abondent. Plusieurs ont sorti du lac des poissons de taille impressionnante, et plus d'une fois. Tout récemment, en 2007, Samir Mehmedovic gagnait la longue et difficile bataille contre un vigoureux esturgeon de 1,5 m et pesant 28,5 kg, qui pouvait être âgé d'une cinquantaine d'années.

En conclusion, une chose semble claire, le lac Massawippi est véritablement habité par des spécimens marins plus qu'étonnants. Pourquoi pas, alors, un monstre d'une espèce totalement inconnue?

Comme le lac Massawippi est l'un des plus profonds du Québec, les spécialistes s'entendent pour dire qu'il pourrait abriter des espèces animales exceptionnelles par leur taille ou leur rareté : des esturgeons monstres, des maskinongés gigantesques ou de grands brochets impressionnants.

En contrepartie, en ce qui a trait à la bête étrange aperçue par Florent Hébert et à la description qu'il en fait, Pierre Dumont, biologiste au ministère des Ressources naturelles et de la Faune du Québec, affirme qu'elle ressemble étrangement à celle du necture tacheté. C'est la plus grande salamandre que l'on puisse apercevoir dans nos eaux. Le necture tacheté peut atteindre de 25 à 35 cm de longueur, et parfois jusqu'à 48 cm. L'animal observé par monsieur Hébert pourrait-il être ce type d'amphibien, qui aurait toutefois atteint une taille totalement démesurée ?

Un necture tacheté, grandeur « nature ».

Si on compare la photo de Wippi (en haut) à celle d'un grand brochet (en bas), le monstre du lac Massawippi pourrait-il être un représentant de très grande taille de cette espèce?

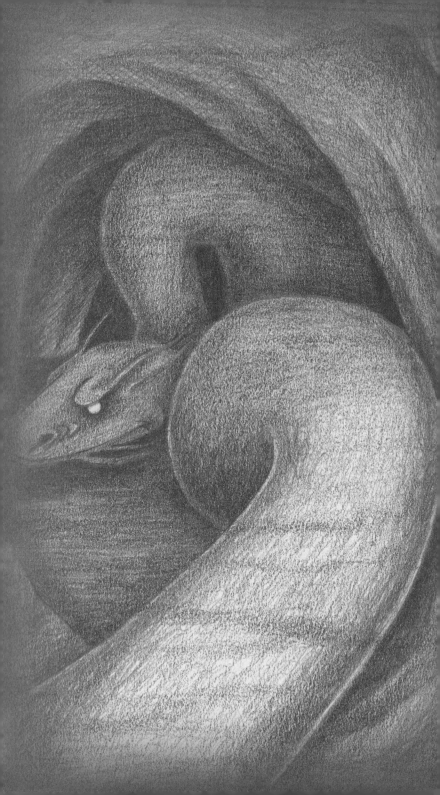

LE REPOS DE LA BÊTE DU SAINT-FRANÇOIS

Taille estimée : entre 3 et 10 m
Lac : Saint-François
Dimensions : 27 km sur 1,75 km
Profondeur maximale : 86 m
Région : Cantons-de-l'Est
Principales municipalités avoisinantes : Lambton,
Saint-Joseph-de-Coleraine, Saint-Romain

Les histoires du monstre du lac Saint-François remontent surtout aux années 1960 et 1970. Plusieurs témoignages relatent des mésaventures vécues avec une impressionnante créature impossible à attraper et à identifier. Récits de noyés qui n'ont pas été retrouvés, de lignes à pêche de 125 lb cassées d'un coup sec, d'une grosse carpe de 45 cm appâtée et littéralement tranchée en deux, de filets avec des déchirures démesurées, de grottes profondes où pourrait se terrer ladite bête, de plongeurs-chasseurs venus tenter de l'extraire de son nid...

En ces temps-là, Louis-Philippe Roy a longuement mené une chaude lutte à la bête. Un jour, il lui a jeté une soixantaine d'hameçons dans 3 m d'eau en espérant l'appâter, mais l'animal n'a fait qu'entremêler bizarrement ses lignes. Monsieur Roy a même construit un immense piège

ressemblant à une sorte de traîneau muni de 21 contenants de plastique et de câbles armés d'un gros hameçon pour la capturer ; mais rien n'y a fait, la bête est restée plus habile que lui dans cette guerre à n'en plus finir[77].

Au début des années 1970, des ouvriers qui travaillaient sur le chantier du barrage de la Saint-François racontent avoir vu sauter hors de l'eau un gros esturgeon de près de deux mètres, qu'ils ont tenté d'abattre. La bête serait-elle morte à ce moment-là ?

 «On ne descend plus là, les poissons sont plus gros que nous !»

Plongeurs de la Sûreté du Québec

En fait, peut-être que non, bien qu'elle semble plutôt tranquille depuis. Il survient encore quelques rares témoignages qui contribuent à faire croire qu'elle continue de nager dans les eaux paisibles du grand lac. Jocelyn

Saint-Pierre est l'un de ceux qui prétendent avoir vu, au mois d'août 1981, quelque chose de bien bizarre comme deux monstres immenses nageant côte à côte. Une certaine dame Fortin du village de Lambton nous décrit aussi une scène dont elle a été témoin sur le lac par un matin calme de l'été 1975.

«Ça ressemblait à des bûches sur le lac, comme des petites bosses, ça aurait pu être le dos d'un drôle de gros poisson, puis tout d'un coup, ça a plongé. Vous savez, ça se peut qu'il y ait un monstre dans ce lac-là, il peut facilement se cacher, il a de quoi se promener, le lac a plus de 20 milles [32 km] de long, quand même![78]»

Le lac Saint-François ferait partie de ces grandes étendues d'eau trouble qui, étrangement, ne rendent pas leurs noyés. Au début des années 1970, certains plongeurs de la Sûreté du Québec partis à la recherche du corps d'un homme de Thetford Mines auraient même déclaré en remontant prestement à la surface: «On ne descend plus là, les poissons sont plus gros que nous![79]»

Aujourd'hui, par contre, à jaser avec les gens de la région, on se rend compte que toutes ces histoires de monstres semblent plutôt lointaines.

«Un monstre dans le lac ici? Non, jamais entendu parler. Je pêche bien de très gros dorés, mais de là à dire que ce sont des monstres!» nous a répondu un pêcheur dans la quarantaine qui s'apprêtait à se rendre sans aucune crainte sur le lac.

Pour en avoir le cœur net, nous sommes tout de même allé frapper à la porte de monsieur Gilles Goulet qui, aux dires de madame Fortin, a déjà pêché un brochet d'au moins 63 lb [28,6 kg] et de 6 à 7 pi [1,8 à 2,1 m] de long. Après quelques minutes, le très vieil homme nous a gentiment ouvert la porte de son humble demeure.

«Mon brochet? Ben non, voyons, pas 63 lb, il pesait 28 lb
[12,7 kg]! Un bon 28 lb, par exemple! Et il s'est débattu
pareil à un gros, ça, je peux vous le dire. Regardez-le, y
est accroché au mur, juste là! Un monstre dans le lac?
Ben, non, voyons donc, c'est des histoires de pêche tout
ça! Comme votre histoire de brochet de 63 lb!» nous
a-t-il répondu avec un large sourire taquin qui illumina
son visage ridé.

Alors, la question reste en suspens. Y a-t-il encore ou
non un monstre dans le lac Saint-François? Si elle a suscité beaucoup d'intérêt dans les années 1960 à 1980, il
semble bien que la créature étrange d'autrefois se fait
plus que discrète aujourd'hui!

AUTRES LACS,
AUTRES MONSTRES

———➤———

Terre d'exception, la province de Québec est parsemée d'une quantité remarquable de lacs. Certains d'entre eux ont aussi, déjà, consacré quelques pages de leur histoire à l'existence ponctuelle d'un monstre en leurs eaux qui, depuis, s'est tu. Par exemple, dans le courant des années 1950, en Mauricie, les draveurs parlaient beaucoup du Grand Brochet du lac Mékinac, qui vivait dans le grand Trou du Diable. Mais depuis, plus rien...

Du côté du lac William dans les Cantons-de-l'Est, dans les années 1900, les riverains auraient vu un immense serpent de 9 à 12 m fendre rapidement les eaux paisibles. Se pourrait-il qu'il ait été l'ancêtre de ce gigantesque maskinongé de 208 cm pêché en 1977? On dit qu'on y pêche encore de bien gros poissons. Mais quand on parle de monstre au corps étrange, en tout cas, depuis... plus rien.

Et que dire du monstre du réservoir Gouin qui, autre-fois, avançait à vive allure, laissant derrière lui un long sillage inhabituel? Il est vrai que les brochets que l'on y pêche encore aujourd'hui en imposent par leur taille et leur poids. Même les pêcheurs les plus chevronnés sont souvent stupéfaits par leurs prises. Si cet énigmatique monstre a fait des siennes au début des années 1980, et bien, depuis, plus rien là non plus...

Dans une autre région, en Outaouais, près du lac Sinclair, André Arsenault a été témoin d'une bien étrange scène qu'il nous raconte en détail.

 «On l'a soulevé avec une rame ; c'était lourd... Ça n'avait pas une texture de poisson et il n'y avait aucune nageoire... »

André Arsenault

«C'était vers l'été 1966. J'avais environ quatorze ans et j'étais en vacances dans un chalet avec des amis, au bord du lac Sinclair. C'est un assez grand lac à fond rocheux, de quelque quatre, cinq milles [6,4 à 8 km]. Des montagnes l'entourent. Avec un ami, nous avons pénétré par une rivière dans les marécages et nous avons abouti dans un cul-de-sac avec le canot à moteur. Là, au fond de la rivière où l'on ne pouvait plus naviguer, au milieu des arbres morts, de la mousse et des algues, nous avons aperçu un objet dans environ deux, trois pouces [7 cm] d'eau; ça flottait dans de l'eau croupie. Il s'agissait d'un quartier cylindrique assez clair, brun-jaune pâle, de 24 pouces [60 cm] de long et de 10 pouces [25 cm] de diamètre. On l'a soulevé avec une rame; c'était lourd... Ça n'avait pas une texture de poisson et il n'y avait aucune nageoire...

Ça ressemblait à un tube. On aurait dit comme un saucisson coupé net, arraché. Qu'est-ce qui avait pu trancher ce morceau? Mon ami, qui était habitué à la pêche, n'avait jamais vu ça. Il a dit que ça ressemblait à un gros serpent. Si c'est un serpent, comme je le pense, il devait être énorme[80]. »

Le monstre aux allures de serpent du lac Sinclair avait-il ainsi trouvé la mort, tranché en deux dans ce marécage glauque? En fait, peut-être que oui car, depuis, on n'en dit... plus rien!

On a également longtemps jasé au sujet d'un certain monstre dans le grand lac Saint-Jean. Dans les années 1970 et 1980, c'était même l'un des sujets prisés du moment. Comme des otaries s'étaient un jour évadées du zoo de Saint-Félicien, des gens de la région ont longtemps cru que ces drôles de dos sombres qui troublaient l'onde du lac n'étaient autres que ces demoiselles grises se baladant allègrement. Mais non, vous auraient dit à l'époque d'autres résidants convaincus. Pour eux, il y avait bien quelque chose singulièrement semblable à un serpent dans ce lac si peu profond et, avec sa dizaine de mètres de long, il dépassait largement la taille de la plus grosse des otaries! En ce temps-là, on avait baptisé la bête du nom d'Ashuaps. Des enfants auraient même trouvé un jour, dit-on, de «grosses dents de dinosaure»[181]. Toutefois, aujourd'hui, on nous répond à la Société d'histoire du Lac-Saint-Jean que tout cela n'a toujours été que du folklore. Un monstre dans le lac Saint-Jean? «Mais non, ce n'est pas possible, il est beaucoup trop peu profond pour cela», nous a-t-on répondu. C'est ainsi que depuis ces bonnes vieilles années 1970 et 1980 où Ashuaps faisait tant jaser... là encore, plus rien!

Finalement, dans les années 1950 à 1980, on discutait aussi d'un monstre dans le lac Brompton qui avait effrayé plus d'un habitant de la région. Il avait un «dos vert de huit pieds [2,4 m] de long qui sortait et rentrait dans l'eau![182]» On allait même jusqu'à dire que c'était gros comme une baleine. Fait contradictoire, la vilaine bête aurait vécu dans la zone marécageuse et peu profonde du lac... Mystérieux, n'est-ce pas? Surtout que, depuis ce temps-là, vous vous en doutez bien... Plus rien!

La légende du lac Blue Sea

Au printemps 2008, des jeunes de 9 à 13 ans de la troupe du Théâtre Chez-Nous, dont les membres proviennent de Lac-Sainte-Marie, de Low et de Kazabazua en Outaouais, décidaient de monter une pièce inspirée de la légende du lac Blue Sea où aurait nagé durant plusieurs années un monstre étrange qui aurait pu mesurer entre 3 à 10 m. Il n'en fallait pas plus pour que le mystérieux Misiganebic («Grand Serpent» en algonquin) stimule l'imagination de ces jeunes, qui allaient lui redonner vie par des dessins, des marionnettes et une jolie pièce de théâtre.

La légende de Misiganebic raconte qu'à l'embouchure de la rivière Coulonge, où l'on trouve une belle plage de

Membre de la troupe du Théâtre Chez-Nous, la jeune Maïka Pinton-Labelle a dessiné ainsi l'image qu'elle se faisait du mystérieux Grand Serpent du lac Blue Sea.

sable, il y a aussi des fonds irréguliers et même des fosses dangereuses et imprévisibles. Et là, dans cette nature belle et accueillante, au cœur de cette eau sombre et inquiétante, vivait autrefois un monstre mythique appelé Misiganebic ou Mussie ou encore Tête-de-Cheval.

Mais où est passé Mussie depuis? Il semble bien qu'on n'en a pas entendu parler depuis des années.

 « [...] ça avait creusé une piste entre le lac des Cèdres et le Blue Sea, tassé la végétation... »

Nathalie Barbe

Les principales apparitions de cette bête aux aspects de serpent démesurément long remonteraient au début du XXᵉ siècle. À l'époque, on parlait déjà de sa tête de cheval, de son corps comme un gros hippocampe, d'un serpent à tête de cheval. Or, la particularité de cet animal était qu'il semblait pouvoir se déplacer tout autant sur le sol que dans l'eau, aux dires des gens du coin.

«On dit que ça avait écarté les arbres, creusé une piste entre le lac des Cèdres et le Blue Sea, tassé la végétation... C'était comme si la terre avait été fouillée...» a raconté une certaine Nathalie Barbe au début des années 1980[83].

Pour certains, l'animal avait le don de circuler aisément entre les lacs de la région – des Cèdres, Trente et Un Milles, Désert et Pocknock – où il avait, disait-on, un refuge dans une caverne sans fond.

Ce fameux serpent à tête de cheval aurait ainsi eu la capacité de se déplacer sur le ventre, se faufilant rapidement comme une couleuvre dans les herbes hautes à l'insu de tous. Il aurait mesuré entre 3 et 10 m, selon les témoignages. On raconte même qu'il lui arrivait de venir boire de la crème dans des bidons qu'on avait mis à sa disposition à la pointe du lac !

Les Amérindiens des communautés environnantes déposaient de la nourriture aux quatre points cardinaux du lac afin de nourrir cette bête fascinante qui leur inspirait le plus grand des respects.

Enfin, les dernières apparitions de Tête-de-Cheval remonteraient au début des années 1980. Depuis, à son sujet, c'est également le calme plat.

Mais sait-on jamais ?

Ce monstre pourrait-il avoir engendré lui aussi une progéniture qui n'attend que le moment idéal pour faire à nouveau frissonner les riverains par sa présence sournoise ?

ESPRITS DES EAUX

Pour les Amérindiens, les mers, les eaux sombres et les lacs profonds ont toujours constitué les refuges idéaux pour des êtres étranges dotés de pouvoirs extraordinaires et représentés sous des formes insolites.

Selon leurs légendes, ces animaux autrefois terrestres auraient subi de nombreuses métamorphoses avant de devenir ces esprits aquatiques tant redoutés. Partout au Canada, il existe des légendes qui rappellent l'existence de ces étranges esprits des eaux. Les monstres des lacs du Québec sont certainement des proches parents de ces créatures-là, car les descriptions se ressemblent énormément.

En Colombie-Britannique, la tribu des Shushwap craignait un certain Naitaka qui habitait, disait-on, une petite île du lac Okanagan.

Pour apaiser Naitaka, l'esprit monstrueux des eaux, les Shushwap lui jetaient un poulet ou un petit animal en offrande rituelle[84].

Avec le temps, Naitaka envahit finalement les légendes des Blancs pour être rebaptisé Ogopogo. Ce dernier fait encore beaucoup parler de lui aujourd'hui dans l'Ouest du Canada.

Dans l'Est canadien, les Ojibwés campant au bord des Grands Lacs dessinaient le demi-dieu Mishipizhiw avec un corps de félin aquatique rehaussé d'une longue crête

dentelée[85]. La Panthère
d'eau de la légende des Pota-
womis était, quant à elle, affublée d'une robe d'écailles
et de cornes de bison. Pour leur part, les Hurons-Wendat
imploraient souvent Yenrish, un lion vivant dans les eaux
du lac Érié[86]. Néanmoins, c'est tout de même le serpent
marin ou le serpent cornu marin qui demeure l'image
mythique la plus récurrente chez tous les autochtones
d'Amérique.

Dans certaines régions de la baie de Fundy, au
Nouveau-Brunswick, des Micmacs croyaient à un monstre marin qu'ils avaient baptisé Ktchi Pitchkayan. Par
temps chaud, la bête serpentiforme d'une trentaine
de mètres venait même se chauffer paresseusement au
soleil sur la plage, effrayant ainsi petits et grands qui
évitaient ce secteur comme la peste, dit-on[87].

Puis, dans les régions habitées par les Micmacs du Québec, on raconte qu'il arrivait que d'énormes serpents
des mers remontent les rivières pour venir peupler
abondamment plusieurs lacs au mois d'août. On croyait
même que ces monstres hideux se cachaient dans les
marécages pour happer leurs proies par surprise. Certaines légendes précisent que ces créatures dangereuses
cherchaient au fond des lacs l'entrée des Enfers pour

pouvoir retourner d'où ils venaient, mais que, faute de l'avoir trouvée, ils erraient en peine et remplis de haine dans les eaux opaques des lacs.

Quant aux Abénakis qui campaient aux abords du lac Memphrémagog, ce sont eux qui auraient propagé la célèbre légende d'Anaconda, le grand serpent du lac qui terrorisait tout autant les colons blancs nouvellement arrivés.

Dans *Beautiful Waters*, un livre écrit par William Bullock sur la région de Memphrémagog en 1938, l'auteur reprend un poème d'un auteur local, intitulé *L'Anaconda, le légendaire serpent de mer de Memphrémagog*. Il témoigne déjà de la peur que pouvait provoquer l'existence d'un possible monstre dans ce lac. En voici un extrait.

«Plusieurs yeux ont vu le monstre,
Mais personne ne l'a décrit de la même façon.
Il était à demi-serpent, à demi-cheval, dirent certains;
D'autres le décrivirent plutôt
Comme un long et immense brochet
Avec d'épaisses écailles brillantes et une tête
Toute ronde.
On disait qu'il créait des inondations
Quand il plongeait comme un serpent
La tête sortie de quatre pieds de hauteur,
Bien érigée.
[...]
Vous doutez? Mais de quoi?
Non pas du fait qu'une créature
Aux dimensions étranges
Puisse vivre dans ce lac magnifique,
Une créature plus étrange
Que les oiseaux et les poissons.
Mais plutôt qu'elle prenne cette forme moitié serpent,
Moitié quadrupède, faisant ainsi d'elle
Un être à part...[88]»

CONCLUSION
LES MERS ONT ENCORE TANT DE SECRETS...

———— ❖ ————

Le célèbre océanographe Jacques Cousteau a consacré le tome XIII de sa célèbre *Encyclopédie* aux «Mythes et légendes de la mer».

Il tenta d'y expliquer tous ces phénomènes troublants par le fait que certaines espèces ont petit à petit fini par apprivoiser la mer après avoir vécu des siècles sur la terre. Il en est ainsi de certains reptiles, dont l'ichtyosaure et le plésiosaure, par exemple. Avec le temps, certains serpents terrestres ont aussi su s'adapter à la mer, tout comme les iguanes se sont mis à nager aux îles Galápagos.

Les siréniens, qui regroupent des animaux impressionnants comme le dugong et le lamantin, peuvent aussi faire partie de ces animaux hors du commun qui ont inspiré les légendes. Ces grosses bêtes peuvent être bien impressionnantes à voir nager près d'une embarcation quand on ne sait pas ce que c'est. Et s'il existait des créatures plus imposantes encore, que l'on ne connaisse pas à ce jour?

Néanmoins, pour Cousteau, un fait subsiste, qu'on le veuille ou non. La mer va toujours regorger de créatures étranges dont certaines demeureront méconnues longtemps ou à jamais. N'existe-t-il pas des spécimens de calmars géants d'une longueur de 18 m, dont 11 m sont consacrés aux tentacules seulement? Ne peut-on sans contredit appeler pareille créature un monstre? Une

multitude d'espèces fascinantes nous rappellent que la mer peut encore cacher bien des secrets.

Alors, si de telles créatures gigantesques nagent dans les ténèbres profondes de nos mers, pourquoi nos lacs ne recèleraient-ils pas des bêtes aussi fabuleuses et inexplicables?

En 1869, Jules Verne publiait Vingt mille lieues sous les mers. *Ces deux illustrations d'Alphonse de Neuville et d'Édouard Riou tirées de ce livre représentent l'une, un calmar géant attaquant des marins et l'autre, le capitaine Nemo observant un calmar géant par un hublot. Combien de fois a-t-on dit de Jules Verne qu'il était visionnaire ?*

Rien n'est impossible.
L'extraordinaire peut toujours devenir réalité.
Il ne s'agit finalement que de se laisser aller à y croire.
D'en être témoin un jour peut changer à
jamais notre opinion.
Alors, quand vous passerez près d'un lac la prochaine fois,
prenez juste le temps d'en scruter l'onde un peu
plus longtemps.
Un monstre n'attend peut-être que votre présence
pour jaillir des plus sombres abysses
et envelopper à jamais votre vie de mystère !

**Et vous n'aurez plus le choix
de vous poser la question :
APRÈS TOUT, SI C'ÉTAIT VRAI ?**

Erreur d'identification

Voici un bel exemple de confusion possible au sujet des monstres marins. Cette carcasse (photo de gauche) de quelque 1 800 kg pêchée en 1977 dans les eaux de la Nouvelle-Zélande par l'équipe du navire japonais *Zuiyo-maru* de la Taiyo Fishery Company Ltd avait laissé croire à plusieurs qu'il s'agissait des restes d'un plésiosaure ou, du moins, d'un quelconque monstre marin mystérieux.

Or, après avoir analysé certains tissus retirés de l'une des nageoires et y avoir découvert la présence d'élastoïdine, une substance chimique que l'on retrouve chez de nombreux poissons, les spécialistes en sont venus à la conclusion que c'était plutôt une carcasse de requin pèlerin qui avait été repêchée, comme celle qu'on peut voir sur la photo de droite.

Fait intéressant à savoir, c'est que lorsqu'il se décompose, le requin pèlerin perd une grande section de sa mâchoire et de la partie inférieure de son corps, ce qui lui donne, comme on le voit bien sur la photo de gauche, une forme qui pourrait le faire ressembler à un plésiosaure.

REMERCIEMENTS

Un livre comme celui-ci n'aurait pu se concevoir sans la précieuse collaboration d'une quantité «monstre» de gens. Je tiens à les remercier tout particulièrement. Merci également à tous ceux que je ne nommerai pas mais qui, de près ou de loin (même mes collaborateurs japonais), ont contribué à la réalisation de cet ouvrage. J'espère que ceux que j'oublierai par mégarde ne m'en voudront pas.

Merci d'abord à Ginette Choquette, grande dame si généreuse et attentive qui a pris un peu malgré elle la relève de son mari décédé, Jacques Boisvert, à la barre des archives de la Société internationale de dracontologie du lac Memphrémagog et qui se débrouille très bien dans cette documentation monstre.

Merci à l'équipe des Archives nationales de Sherbrooke.

Merci à la si gentille Émilie Hébert, cinéaste prometteuse et jeune femme au grand cœur.

Merci à Tim Mooney pour avoir si bien partagé sa passion.

Merci à Danie Béliveau de Tourisme Cantons-de-l'Est pour son amicale collaboration et à Nathalie Provencher du CLD Memphrémagog.

Merci à Lorraine O'Cain de la Galerie des artistes du Canton de Magog.

Merci à Mario Lavoie de la Société historique de Disraeli pour son tour guidé de la région et sa si grande disponibilité, ainsi qu'à son collègue Jean-Claude Fortier. Salut au journal Le Cantonnier aussi.

Merci à François Dumont et à Suzanne Bouchard de la ville de Pohénégamook, pour leur accueil, leurs coups de main et leur grande patience. Au maire Guy Leblanc aussi, qui a toujours trouvé réponse à mes requêtes folles. À Éric Tardif, proprio rigolo de l'auberge La Villa des Frontières, pour son accueil si chaleureux.

Merci à Nicolas Renaud, cinéaste de grand talent qui a fait de La Bête du Lac une œuvre fort intéressante.

Merci à Marielle, de la Route des Frontières.

Merci à l'équipe de Tourisme Bas-Saint-Laurent pour sa précieuse collaboration.

Merci aux gens de la municipalité de Blue Sea, de l'école Sainte-Marie et principalement à Nadine Pinton et à Denis Labelle du Théâtre Chez-Nous.

Merci à Marika Perron de la SEPAQ.

Un merci tout particulier aux spécialistes indispensables du ministère de l'Agriculture, des Pêcheries et de l'Alimentation, du Département des sciences de la terre et de l'atmosphère de l'Université du Québec à Montréal, du Département de biologie de l'Université de Sherbrooke, du Centre d'expertise hydrique du Québec, et enfin du ministère des Ressources naturelles et de la Faune où j'ai eu la chance de tomber sur Pierre Dumont, homme brillant avec qui j'ai pris un malin plaisir à jaser «poissons» une multitude de fois. Quelle patience et quelles connaissances!

Merci aussi aux employés méticuleux et patients de la Grande Bibliothèque et Archives nationales du Québec.

Merci aux gens passionnés des Sociétés historiques régionales qui conservent des archives si précieuses pour nos recherches.

Merci à Michel qui a donné vie à ce projet fou et fabuleux.

Merci à Paul pour son oeil de lynx.

Merci à Céline, Sandy et Marthe pour leur généreuse créativité.

Merci à Johanne, pour son expérience, sa clairvoyance et... notre connivence!

Merci à Marjo pour son chalet.

Merci à Diane pour sa ténacité et son cran qui m'ont poussée à aller rencontrer ce vieux monsieur Goulet dans sa maison mystérieuse.

Merci à Micheline pour ses chaleureux encouragements.

Merci à toute ma famille qui me supporte dans tous les sens du terme.

Merci à Benoît, mon amoureux, devenu lui aussi, par la force des choses, un expert en monstres!

Et merci enfin à vous tous, monstres imaginaires ou réels, sans qui ce livre n'aurait pu jaillir des profondeurs abyssales de notre histoire régionale!

CRÉDITS PHOTO

Couverture : Shutterstock

p. 10-11 : Serpent de mer (fig. 17, fac-similé d'une gravure de Pontoppidan), tirée du livre *Les monstres marins* de Armand Landrin, 1889

p. 14 : Gracieuseté du Musée TePapa Tongarewa, Wellington, Nouvelle-Zélande

p. 20 : Dessin de Micheline Roy, gracieuseté de la Société internationale de dracontologie du lac Memprémagog

p. 28 : Images tirées d'une vidéo de Patricia de Broin Fournier

p. 35 : Gracieuseté de Jean Grenier

p. 37 et 40 : Photos d'œuvres d'artistes, gracieuseté de la Galerie des artistes du Canton à Magog

p. 39, 64, 69, 91, 95 : Danielle Goyette

p. 41 : Gracieuseté de www.highlandclubscotland.co.uk

p. 43 : Gracieuseté de la Société internationale de dracontologie du lac Memphrémagog

p. 51 : Gracieuseté de François Dumont

p. 52-53 : Gracieuseté de Guy Leblanc

p. 54-55 : Allo Police, 15 mai 1997 et 22 mai 1977

p. 67 : Extraits d'une vidéo de Johanne Saint-Pierre

p. 71 : Gracieuseté de Pohénégamook Santé Plein Air

BIBLIOGRAPHIE

BULLOCK, William Bryant. *Beautiful Waters*, Newport, Memphremagog Press, 1926, 264 p.

COSTELLO, Peter. *À la recherche des monstres lacustres*, Paris, Éditions Plon, 1974, 296 p.

HEUVELMANS, Bernard. *Le grand Serpent-de-Mer*, Paris, Éditions Plon, 1975 [1965], 710 p.

KING-SMITH, Dick. *Le dragon des mers*, Paris, Gallimard jeunesse, 2007, 124 p. (Ce roman jeunesse a été adapté au cinéma.)

LANDRIN, Armand. *Les monstres marins*, Paris, Hachette, 1869, 330 p.

MCCAUGHREAN, Geraldine. *100 World Myths & Legends*, Londres, Orion, 1998, 398 p.

MEURGER, Michel et Claude GAGNON. *Monstres des lacs du Québec, mythes et troublantes réalités*, Montréal, Éditions Stanké, 1982, 320 p.

RADFORD, Benjamin et Joe NICKELL. *Lake Monster Mysteries*, Lexington, The University Press of Kentucky, 2006, 190 p.

VILLENEUVE, Mireille. *Le secret de Pohénégamook*, Laval, Éditions Grand Duc, 2005, 168 p. (roman jeunesse)

Filmographie

HÉBERT, Émilie. *Du feu dans l'eau*, École des Médias UQAM, Office national du film, 2007, 25 min. (sur le monstre du lac Memphrémagog). Information : hebert.emi@gmail.com

RENAUD, Nicolas. *La Bête du Lac*, 9174-5018 Québec inc. (Coop vidéo de Montréal), www.coopvideo.ca, 2007, 55 min. (sur le monstre du lac Pohénégamook). Information : Vidéographe Distribution, www.videographe.qc.ca

NOTES

1. Source : Archives de la Société internationale de dracontologie du lac Memphrémagog.

2. *Ibid.*

3. *Ibid.*

4. *Ibid.*

5. *Ibid.*

6. *Ibid.*

7. *Ibid.*

8. *Ibid.*

9. *Ibid.*

10. *Ibid.*

11. *Ibid.*

12. *Ibid.*

13. *Ibid.*

14. *Ibid.*

15. *Ibid.*

16. Extrait du témoignage de Tim Mooney, dans *Du feu dans l'eau*, film documentaire d'Émilie Hébert, École des médias UQAM et Office national du film du Canada.

17. *Ibid.*

18. Bernard Heuvelmans, *Le grand Serpent-de-Mer*, Paris, Éditions Plon, 1975 [1965].

19. *Ibid.*, p. 640-644.

20. Source : Archives de la Société internationale de dracontologie du lac Memphrémagog.

21. *Ibid.*

22. *Ibid.*

23. *Ibid.*

24. Source : recherche faite par Jacques Boisvert, archives de la Société internationale de dracontologie du lac Memphrémagog.

25. Extrait de l'émission *Pas si bête que ça*, diffusée le 24 octobre 2004, à TQS.

26. Sonia Bolduc, *«Memphré : mythe et réalité»*, dans *En passant par les Cantons...*, Sherbrooke, Université de Sherbrooke, 1997.

27. *Ibid.*

28. Source : Département des sciences de la terre et de l'atmosphère de l'UQAM.

29. *La Bête du Lac*, film documentaire de Nicolas Renaud, Coop vidéo de Montréal, Vidéographe Distribution, 2007.

30. *Ibid.*

31. *Ibid.*

32. *Ibid.*

33. *Ibid.*

34. *Ibid.*

35. Témoignage recueilli par l'auteure.

36. Témoignage recueilli par l'auteure.

37. Témoignage recueilli par l'auteure.

38. Témoignage recueilli par l'auteure.

39. Témoignage recueilli par l'auteure.

40. Témoignage recueilli par l'auteure.

41. Extrait du documentaire *La Bête du Lac*.

42. Témoignage recueilli par l'auteure.

43. Témoignage recueilli par l'auteure.

44. Témoignage recueilli par l'auteure.

45. Témoignage recueilli par l'auteure.

46. Témoignage recueilli par l'auteure.

47. Samuel de Champlain, *Voyages of Samuel de Champlain*, [vol. 2, chapitre IX, 1567-1635], Boston, The Prince Society, 1878, 304 p.

48. Traduction libre. Extrait d'entrevue à l'émission *Good Morning America* du réseau ABC News, 22 février 2006, en ligne sur www.youtube.com — lien : «Champ on ABC».

49. Source : [sans auteur], «*Why the Loch Ness is not a plesiosaur*», rubrique «*In Brief*», *New Scientist*, vol. 192, no 2576, 4 novembre 2006, p. 17.

50. Source : Pierre Dumont, biologiste Ph. D., ministère des Ressources naturelles et de la Faune du Québec.

51. *Deo Optimo Maximo* («adieu très bon, très grand»).

52. *Juris Canonici Doctor* («docteur en droits canoniques»).

53. *Requiescant in pace* («qu'ils reposent en paix»).

54. Mario Lavoie et Carole Mercier, rapport *Histoire régionale, enquête sociale*, Archives de la Société historique de Disraeli, 1982, p.16-17.

55. *Ibid.*, p. 16.

56. *Ibid.*

57. M. Lavoie et C. Mercier, enregistrement fait pour *op. cit.*

58. M. Lavoie et C. Mercier, *op. cit.*, p. 17-19.

59. *Ibid.*

60. *Ibid.*

61. *Ibid.*

62. *Ibid.*, p. 8-9.

63. Source : Pêches et Océans Canada.

64. M. Lavoie et C. Mercier, *op. cit.*, p. 13.

65. *Ibid.*

66. *Ibid.*, p. 15.

67. *Ibid.*, p. 10.

68. *Ibid.*, p. 10-12.

69. Site Web de la Municipalité du canton de Stratford.

70. Témoignage recueilli par l'auteure.

71. Michel Meurger et Claude Gagnon, *Monstres des lacs du Québec, mythes et troublantes réalités*, Montréal, Éditions Stanké, 1982, p. 42.

72. *Ibid.*

73. Source de l'information de ce «coin du sceptique»: *Pêches et Océans Canada.*

74. Témoignage recueilli par l'auteure.

75. Témoignage recueilli par l'auteure.

76. Témoignage recueilli par l'auteure.

77. M. Meurger et C. Gagnon, *op. cit.*, p. 51.

78. Témoignage recueilli par l'auteure.

79. M. Meurger et C. Gagnon, *op. cit.*, p. 57.

80. *Ibid.*

81. *Ibid.*, p. 99.

82. *Ibid.*, p. 89.

83. *Ibid.*, p. 102.

84. Peter Costello, *À la recherche des monstres lacustres*, Paris, Éditions Plon, 1974, p. 198

85. Selwyn Dewdney et Kenneth Kidd, *Indian Printings of the Great Lakes*, Toronto, University of Toronto Press, 1962 (cité dans M. Meurger et C. Gagnon, *op. cit.*, p. 165).

86. A.S. Gatschet, *«Water Monsters of American Aborigenes»*, JAF, vol. XIII, n° 189 (cité dans M. Meurger et C. Gagnon, *op. cit.*, p. 165).

87. P. Costello, *op. cit.*, p. 210.

88. Traduction libre. Poème cité dans *William Bryant Bullock, Beautiful Waters*, Newport, Memphremagog Press, p. 114-115.